实用谚语丛书

◎主编　吴建生

教育谚语

Shiyong Yanyu Congshu

Jiaoyu Yanyu

编著　周文芳　李淑珍

山西出版传媒集团

山西经济出版社

图书在版编目（CIP）数据

教育谚语 / 吴建生主编；周文芳，李淑珍编著. --太原：山西经济出版社，2016. 6（2023.5重印）

ISBN 978-7-80767-987-5

Ⅰ. ①教… Ⅱ. ①吴… ②周… ③李… Ⅲ. ①教育—谚语—汇编—中国 Ⅳ. ①G4

中国版本图书馆 CIP 数据核字（2016）第023475号

教育谚语

主　　编： 吴建生
编　　著： 周文芳　李淑珍
出 版 人： 张宝东
选题策划： 郝建军
责任编辑： 侯铁民
装帧设计： 华胜文化

出 版 者： 山西出版传媒集团·山西经济出版社
社　　址： 太原市建设南路21号
邮　　编： 030012
电　　话： 0351-4922133（发行中心）
0351-4922085（总编室）
E-mail： scb@sxjjcb.com（市场部）
zbs@sxjjcb.com（总编室）

经 销 者： 山西出版传媒集团·山西经济出版社
承 印 者： 三河市天润建兴印务有限公司

开　　本： 880mm×1230mm　1/32
印　　张： 7.375
字　　数： 204千字
印　　数： 9001-34000册
版　　次： 2016年6月 第1版
印　　次： 2023年5月 第3次印刷
书　　号： ISBN 978-7-80767-987-5
定　　价： 20.00元

前言
QIAN YAN

谚语是在人民群众中广泛流传的一种固定的语句。它用简单通俗、精炼生动的话反映出深刻的道理，总结出丰富的经验，是中华民族的文化瑰宝，历来深受人民群众喜爱。

谚语取材广泛，内容涉及农业、经济、教育、品德修养、人际交往、养生保健等多个方面。有些谚语劝导人们扬善抑恶、勤劳俭朴、团结友爱，颂扬人世间的美好与正义，讥讽、鞭笞丑陋、虚伪的人或事。如：火要空心，人要实心；勤能补拙，俭以养廉；人心齐，泰山移；善有善报，恶有恶报；白日不做亏心事，半夜不怕鬼上门；为人莫贪财，贪财不自在；等等。有些谚语反映丰富的人生体验，总结社会生产、经济、生活以及各行各业的劳动经验，是人们生活中的百科全书。如：酒逢知己千杯少，话不投机半句多；家有一老，黄金活宝；诚招天下客，誉从信中来；冬吃萝卜夏吃姜，不用医生开药方；庄稼一枝花，全靠粪当家；等等。众多的闪烁着智慧光芒的民间谚语，时时刻刻活跃在人们的语言生活中，发挥了不可低估的重要作用。

为了方便读者学习和使用谚语，我们编写了这套《实用谚语丛书》。丛书本着古今兼收、以今为主、重在实用的原则，力求少而精。每种精选谚语 1000 条左右，加以精要注释和书证，并对一些条目的不同说法、历史来源以及相关知识做了提示。

由于地理环境的不同，一些谚语表现出较强的地域色彩；由于历史和时代的局限，一些谚语存在着一定的思想上的局限性。对这些条目，我们少量地做了保留，以留下历史的印迹，供研究者查阅。随着社会的发展，人们在交际中出现了一些新的谚语，我们也酌选收入，以期跟上时代的步伐。

衷心希望这套丛书能够为读者学习和运用谚语提供一些帮助。也期待着专家与广大读者对其中的不足和错误提出批评指正。

吴建生

2016 年 3 月

目录
MU LU

凡例
FAN LI

一、条目

1. 本书精选常用教育谚语约1000条，供具有中等以上文化程度的读者使用。

2. 条目古今兼收，以今为主，重在实用。

3. 条目一般以现代常见的谚语为主条，加以释义并举出用例。意思与主条相同或相近但说法不同的条目，作为副条，列在“提示”中，不举用例。

二、释义与用例

1. 先对难以理解的字、词进行解释，并给难字加注汉语拼音。然后对整个条目进行释义。

2. 释义先解释本义，再解释引申义。字面上简单易懂的条目，直接解释引申意义。

3. 用例跟在释义的后边。每个条目一般只列一条用例。如有两个或两个以上义项，每个义项各列一条用例。用例注明出处，放在例句的后边。

三、提示

对必要的条目加以提示。提示包括三方面

的内容：

1. 指出该条谚语的来源。

2. 列出副条。副条前以“也说”等形式注明。

3. 介绍一些相关知识和特定的用法。

四、排列顺序

1. 首先按意义分为十类，顺序是：尊师重教、珍惜时光、读书写作、反思纠错、坚持积累、实践磨砺、谨言慎行、立志发奋、谦让勤学、家庭熏陶。

2. 每一类内部按条目首字的汉语拼音顺序排列。首字读音相同的，按第二字的读音排列，依此类推；首字音同而字不同的，以笔画多少排列，笔画少的在前，笔画多的在后。

五、检索

书后附有“条目音序索引”，以便检索。索引按照主条首字的汉语拼音顺序排列，副条放在括号内，列在主条的后边。

一、尊师重教

【爱而不教，禽犊之爱】

禽犊：禽和犊，泛指动物。对子女只知道溺爱而不注重教育，那是一种畸形的、动物式的“爱”。指对子女的爱要体现在培养教育和严格要求上。

｛例｝第二十三教士卒。士卒爱矣，与我同生死不辞矣。苟不加教习之，亦是以卒予敌耳。语云：“爱而不教，禽犊之爱。”(明·戚继光《练兵实纪·练将》)

提示：此谚出自《后汉书·何敞传》：“爱而不教，终至凶戾。由是观之，爱子若此，犹饥而食之以毒，适所以害之也。”此谚也说“爱而不教，禽犊之爱也”“爱而或不劳者，禽犊之爱”。

【爱是教育的前提】

前提：事物发生或发展的先决条件。指充满真挚的情感，是培养教导人的先决条件。

｛例｝爱是教育的前提，我们要把爱的阳光洒向每一个学生。罗曼·罗兰说过：“要播洒阳光到别人心中，总是自己心中有阳光。”(朱崇文《细微之处见精神》)

提示：此谚告诉我们，没有爱的教育只是清规戒律，培养不出真正的人才，只有根植在爱的沃土上的教育之树才能结出丰硕的果实。

【爱在心里，狠在面皮】

狠：严厉。面皮：脸上的表情。指长辈对晚辈的疼爱应放在心里，而不要只体现在表面上。只有严加管教，才能收到好的效果。

｛例｝《左传》云：“爱子教以义方，弗纳于邪。”教子是第一件事，盖子孙之贤否，不惟关自一生之休戚，还关祖宗之荣辱。这所系甚重，可以不用心教诲么？俗语道：“爱在心里，狠在面皮。”(《醉醒石》七回)

【百年大计，教育为本；教育大计，教师为本】

大计：关系到长远利益的计划或措施。从社会发展的长远计划来看，要重视教育工作；在教育工作中，培养优秀教师是最重要的一环。

{例} 百年大计，教育为本；教育大计，教师为本。教师是具有教学职责的专业人员，承担教书育人、培养社会主义建设者和接班人、提高民族素质的使命。(周成平《魅力教师的修炼——100个优秀教师魅力修炼心得》)

【拜此人须学此人】

须：必须、一定。既然拜认了某人做自己的老师，就应该谦恭而认真地向他学习。

{例} 昔人云："拜此人须学此人。"休得要混账磕了头去也。(清·郑燮《郑板桥集》补遗)

【拜德不拜寿】

指敬重人最重要的是敬重他的高尚品德，而不在于他的年龄是否比自己大。

{例} 我拜德不拜寿。我把哥哥擒于山寨，触犯着贤士休怪。请贤士稳稳安坐，受取马武八拜。(元·秦简夫《赵礼让肥》三折)

【拜师如投胎】

投胎："投生"，迷信指人或动物死后，灵魂投入母胎转生世间。指拜师学习是人生中非常关键的一步，如同投胎重生一样重要，万不可马虎从事。也指老师如再生父母，应当敬重。

{例} 那书儿虽是隔着一层纸，就如隔万重山一般，我不省的，就讲不上来。如何能成事？俗语说：拜师如投胎。那教进士的先生，与那教进学能取一等的先生，还天地悬隔着哩。(《歧路灯》八六回)

提示：此谚也说"投师如投胎"。

【播种行为，就收获习惯；播种习惯，就收获性格；播种性格，就收获命运】

指养成好的行为，培养好的习惯，形成好的性格，就会有好的前程。

{例} 习惯乃是个性行为的基础。有句谚语说："播种行为，就收获习惯；播种习惯，就收获性格；播种性格，就收获命运。"四轮学习方略使学生有计划地解决自己的问题，对养成自学习惯是一个有力的措施。(聂立珂《四轮学习方略》八章)

提示：此谚也说"播种行为，收获习惯；播种习惯，收获性格；

播种性格，收获命运”。此谚告诉我们，一个好习惯就是一笔财富，它会让人拥有好的心态，走向成功，享用一生。

【不严不能成器，过严恐生不虞】

不虞（yú）：意想不到的事。指对子女要严格要求，才能使他们成为有用之才，但又不能过于严苛，以免发生意外。

{例} 千万好生扶养，不严不能成器，过严恐生不虞，且致父母之忧。（《红楼梦》一七回）

提示：此谚也说“不严不成器，过严防不虞”。

【不因渔父引，怎得见波涛】

渔父：指渔夫，打鱼为生的人。没有渔夫的引领，就看不到惊涛骇浪。指想知道事情的来龙去脉或想见要见的人，离不开行家的指导、引领。

{例} 牧童笑道：“我跟了他去，那个领你去见师父？”湘子道：“这正是不因渔父引，怎得见波涛？”（《韩湘子全传》八回）

【耽误了庄稼是一季，误了孩子是一代】

一季：指一茬，即农作物种植和生长的次数。耽误种植庄稼只是延误了一茬农作物的收获，而耽误了儿童时期的教育却会给孩子带来终生的影响。指学龄期儿童教育事关重大，决不能拖延，错过时机。

{例} 有句俗话说：“耽误了庄稼是一季，误了孩子是一代。”钱花了可以再挣，但是误了孩子可买不来呀！（代路《飞吧！海燕》）

提示：此谚也说“地误，误一季；人误，误一辈”“种田不好荒一年，教儿不好害一生”。

【德高为师，以身立教】

指为人师要有高尚的品德，以自身的言行举止，为学生做出表率。

{例} 在新课改中，教师必须转变角色，要成为学生德育活动中的组织者、引导者、参与者、执行者，做到“德高为师，以身立教”，与学生建立平等的朋友式的师生关系，与学生平等相处。（侯灶林《让德育工作适应新课改》）

【灯不亮要人剔，人不明要人提】

指油灯不亮时，得有人点拨灯芯；人犯糊涂、不明事理时，必须有人批评提醒。

{例} 常言说，“灯不亮要人剔，人不明要人提”嘛。在党的会议上，这样，对革命有利，也为你好，言语重了些，莫计较。(周肖《霞岛》一三章)

【动之以情，晓之以理】

晓：告知。指用情感来感化人，用道理来说服人。

{例} 金榜眼对他言听计从，正可充当他的传声筒，对马黑桃动之以情，晓之以理，天道会便会脱胎换骨，改邪归正。(刘绍棠《锅伙》三一)

提示：此谚告诉我们，教育是用一颗心了解另一颗心，教育的过程就是心与心的交流。

【多从一家师，多懂一家艺】

指拜认的老师越多，眼界越开阔，学习掌握的技艺就会越多。

{例} 有的师父要求徒弟“艺不传二家”“拜佛只拜一尊”；有的则教育徒弟“一处投师，百处学艺”“多从一家师，多懂一家艺”“名家无定师”“问遍万家是行家”“谁有艺，向谁讨；哪儿有师父往哪儿跑”。由此可见，民间说唱的师承的方式是同中有异的。(任骋《从艺人谚语看民间说唱的师承传统》二)

【非针不引线，无水不渡船】

没有针就不能引线缝衣，没有水就不能乘船摆渡。比喻要想成就大事，必须有人引导。

{例} 于国英干啥呢？和沈建华唠嗑哩！白天、夜晚都在唠，唠他在营口遇见那个从山东来的共产党，“非针不引线，无水不渡船”，没有共产党穷人不得救。(杨大群《关东传奇》上九章)

【高艺不传无义人】

高超的技能不能传授给没有情义的人。指选取接班人不能光看技术能力，更重要的是要选择道德品质优秀的人。

{例} 他说：“教会徒弟，饿死师傅。我三次带了十八个徒弟，徒弟的劳金贱，掌柜的就不用我，我就失了三次业。”所以他就打定主意：“高艺不传无义人。传了无义人，饿死鬼找上门。”(曲波《桥隆飙》一)

【各师父各传授，各把戏各变手】

把戏：戏法；魔术。变手：变戏法或魔术的手法。指不同师父教授的方法不同，各有特色。

{例} 你此行的得失，非同小可。各师傅各传授，各把戏各变手。我这个师傅就是这么严厉，因为我们所做的一切，都必须对人民负责，懂吗？（肖玉《龙山寨》五章）

提示：此谚也说“千个师傅万个法”“一个师傅一个传授”。

【耕则问田奴，绢则问织婢】

田奴：旧时给主人耕田的奴仆。织婢：旧时给主人织绢的婢女。要耕田，就得向耕田的人请教；要织绢，就得向织绢的人请教。指做事要向内行请教。

{例} 俗语云，“耕则问田奴，绢则问织婢”，臣既谓难，何容强遣。（《北史·邢峦传》）

提示：此谚也说“耕问仆，织问婢”“耕当问奴，织当问婢”“耕当问奴，织当访婢”“耕问奴，织问婢”“入山问樵，入水问渔”等。

【好树结好桃，好葫芦开好瓢】

指有了优良品种，才会有高质量的成果。比喻优秀的教育环境培养出优秀的人才。

{例} 常言道：好树结好桃，好葫芦开好瓢。秦怀玉乃将门虎子，武艺超群，正好代父出征。（王肯《秦琼让印》一）

提示：此谚也说“好种出好苗，好葫芦锯好瓢”“好笋出好竹，好种好收成”“好种出好苗，秧好半年稻”。

【猴儿不上竿，只用多敲锣】

比喻不听话就多几次监督、催促。

{例} “只不知新书记吃不吃这一套？”丁启福语气沉重地说。“咋？他不是个人？不用结记，猴儿不上竿，只用多敲锣。”（崔巍等《爱与恨》七章）

提示：此谚也说“猴子不钻圈，多筛几遍锣”“猴不爬竿，要多敲锣”“猴子不爬竿，就多敲锣”“猴子不上竿，多敲两遍锣”“猴子不上树，多打三遍锣”等。

【积金非福荫，教子是良谋】

福荫：恩德庇佑。指为子孙积攒钱财并不能庇佑造福后代，教育子女成才才是最好的方法。

{例} 却不见世人厚蓄的，也有遇了盗贼劫掠一空，也有生个败子，荡费几尽，正所谓“积金非福荫，教子是良谋”。（《贪欣误》六回）

【家里藏书能救子，遗金满堂常作灾】

家庭珍藏书籍能救助孩子，遗留金银财宝常招来灾祸。指留给后人书籍和知识比留下万贯家财更重要。

{例} 晚辈们坐吃山空不思劳动者有之，恃财为非作歹者有之，为分配遗产而大打出手、对簿公堂者也并不鲜见，这正是应了那句老话："家里藏书能救子，遗金满堂常作灾。"（梅章《遗产意识应淡化》）

【家有新瓦房，不如进学堂】

指忙着盖房置办家业，不如先走进学校，增长学识后再勤劳致富。

{例} 随着科学技术在农村的推广应用，"庄稼一枝花，科学是当家""要想富，学技术""家有新瓦房，不如进学堂"等新谚语广为流传，农民的观念发生了很大变化，进大中专院校学习成为他们的追求。（陨砦《农村大众》）

【家有余粮鸡犬饱，户多书籍子孙贤】

家里有了剩余的粮食，只能解决温饱问题；家里有了图书，儿孙才会贤能。指对子女的教育比家里多积余粮食更重要。

{例} 田园广野，负佣庄客有千人；家眷轩昂，女使儿童难计数。正是：家有余粮鸡犬饱，户多书籍子孙贤。（《水浒传》二回）

【家中出浪子，惨过老树遭虫噬】

噬（shì）：咬。家里出了不良后代，比老树遭到虫子噬咬可悲得多。指教育子女是家庭中最重要的事情。

{例} 广州的老陈接到长沙老朋友老魏的一封信，痛心疾首地说他13岁的孩子变得不成样子了……俗话说"家中出浪子，惨过老树遭虫噬"，这么大的事找上门了，怎么好拒绝呢。（洪可轮《"寄教"的喜剧》）

【见能人，不可交臂而失之】

交臂：胳膊碰胳膊。指和有才能的人交往时，要抓住机会及时请教。

{例} 常六爷，你的名声太大，把在下的耳朵都快磨出茧子来了。常言说："见能人，不可交臂而失之。"错过良机，则是千古遗恨。（单田芳等《大明英烈传》三七回）

【浇花要浇根，教人要教心】

浇花浇在根子上，花儿才能成活；教人教导到心里，才能起到作用。指教育人要从思想教育开始。

{例} “浇花要浇根，教人要教心。”我看就应该在这个“心”字上，好好作点文章。（肖玉《高粱红了》二部一六）

提示：此谚也说“浇花浇根，教人教心”“浇花要浇根”“浇花要浇根，帮人要帮心”。

【教妇初来，教儿婴孩】

教(jiào)：教育，教诲。教导新媳妇的最佳时机是刚嫁过来的时候，教育子女要从婴孩时期就开始。指教育教导越早越好。

{例} 孔子戒道：“少成若天性，习惯如自然。”通俗流行的谚语说：“教妇初来，教儿婴孩。”说明教子从婴儿开始的重要。(鄢庆《教子成材千万方》)

提示：此谚也说“教儿婴孩，教妇初来”“教妇初来”“衣服要从新时惜，孩子要从幼时教”。

【教师是人类灵魂的工程师】

指教师教导学生要从培养美好的心灵品德开始。也指教师的自身素质、品德修养对学生有很强的引领作用。

{例} “教师是人类灵魂的工程师”，“工程师”的灵魂首先应成为学生的楷模，“身正为师，德高为范”，师德形象是教师形象的第一要素。（周成平《魅力教师的修炼——100个优秀教师魅力修炼心得》）

【教育无小事，事事系教育】

指在教书育人方面没有小事情，每件事情都关系到学生的身心发展。

{例} “教育无小事，事事系教育”，这正是班主任工作的具体写照，班主任的工作是琐碎而复杂的，就是这些琐碎的桩桩小事，如果班主任不去管理或方法不到位，就会使你的班级乌烟瘴气、使你班主任焦头烂额，致使班级工作无法开展；也会因你管理及时得当，让那些“拉帮结伙，厌倦学习”的少男少女悬崖勒马、迎头赶上。（倪敏《新时期怎样做好班主任——100个优秀班主任工作心得》）

【教子从小教，治家勤俭起】

指教育子女要从小时候开始，

管理家庭要从勤劳节俭做起。

｛例｝农家女教子有方："教子从小教，治家勤俭起""补漏趁天晴，读书趁年轻"。（乔剑鸣《喜读农谚夸农妇》）

【经师不到，学艺不高】

不经过高明师傅的指点，学艺很难精通。指学业要想取得较高成就，一定要得到高师的指教。

｛例｝武术倒是练过，不过就是"经师不到，学艺不高"，略知一二而已。（郝艳芳等《小将呼延庆》七回）

提示：此谚也说"经师不名，学艺不高"。

【井淘三遍吃甜水，人从三师武艺高】

淘：从深处舀出污水、泥沙等。三：概数，形容多。井多淘几遍，就能喝上甜水；人多向几位老师请教，就能学到高超本领。指要想学到真本领，必须多拜师、多请教。

｛例｝俗话说："井淘三遍吃甜水，人从三师武艺高。"往后儿，你要随时随地向认字的人们学习，多认些老师。（郭澄清《大刀记》三卷一三章）

【孔圣人门下出贤人】

孔圣人：孔子。贤人：有才德的人。跟从孔子学习的弟子中出了很多贤德出众的人。指优秀的老师能培养出优秀的学生。

｛例｝"那就由我来担当这个大任吧！"郓兰渚自作主张，大包大揽，"诗、书、礼、乐、御、射，我因材施教，孔圣人门下出贤人"。（刘绍棠《十步香草》一九）

提示：儒家认为圣人是具有最高智慧和品德最为高尚的人。《孟子·离娄上》："圣人，人伦之至也。"《孟子·尽心下》："大而化之之谓圣，圣而不可之之谓神。"赵岐注："大行其道，使天下化之，是为圣人。"这里所说的圣人指尧、舜、禹、汤、文、武、周公和孔子等。

【民生于三，事之如一】

三：此处指君、父、师。人一生中对国君、父亲、老师的侍奉要始终如一。指对老师的敬重要像对待国君和父亲一样。

｛例｝成闻之："民生于三，事之如一。"父生之，师教之，君食之。非父不生，非食不长，非教不知生之族也。故一事之。（《国语·晋语一》）

【名家无定师】

有突出才能且能自成一家的人没有固定的老师。指人成功是因为其能虚心学习，博采众长。

{例} 有的师父要求徒弟“艺不传二家”“拜佛只拜一尊”；有的则教育徒弟“一处投师，百处学艺”“多从一家师，多懂一家艺”“名家无定师”“问遍万家是行家”“谁有艺，向谁讨；哪儿有师父往哪儿跑”。由此可见，民间说唱的师承的方式是同中有异的。（任骋《从艺人谚语看民间说唱的师承传统》二）

【名师出高徒】

指高素质的教师能培养出素质高、水平高的学生。

{例} 自古道，名师出高徒，我就先向令高足学几招，也是一个难得的机会！（贺原《邪派高手》二回）

提示：此谚也说“名师门下出高徒”“高门出高足”“名门必出高弟”“名师手下出高徒”“师高弟子强”等。

【强国先强教，强教必先强师】

指要使国家强盛，先要重视教育；要使教育振兴就要加强教师队伍建设。

{例} “强国先强教，强教必先强师”，60年来，一代又一代教育工作者，以一往无前的进取精神和波澜壮阔的创新实践，为我国教育事业的改革发展做出了不可磨灭的贡献。（邵留生《这60年，中国教师的喜与忧》）

【青出于蓝而胜于蓝】

青：靛青，青色颜料。蓝：蓼蓝，一种可以提炼颜料的草。靛青是从蓼蓝里提炼出来的，但是颜色比蓼蓝更深。比喻学生能超过老师，后人能胜过前人。

{例} 青出于蓝而胜于蓝。小林，老江何必派我来帮助你？（杨沫《青春之歌》二部三六章）

提示：此谚出自荀子《劝学》：“青，取之于蓝，而青于蓝；冰，水为之，而寒于水。”此谚也说“冰出于水而寒于水，青出于蓝而胜于蓝”。

【请教别人不蚀本，舌头打个滚】

蚀本：赔本，本钱或资金亏损。指请求别人指教，一定要有礼貌。

{例} 请教别人不蚀本，舌头打个滚吵！若不然，明早我去帮你问问

秀女同志。（周肖《霞岛》二〇章）

提示：此谚也说“叫人不蚀本，舌头打个滚”，意思是见人要有礼貌，要开口称呼人。

【人不劝不善，钟不敲不叫唤】

人不听别人劝诫就不会改过向善，如同钟不敲打就发不出响声。指人应当虚心接受别人的批评或建议。

{例} 都说得对！都是我的错误，我一律接受，我还应该解释一下，这些错误，赵主任活着的时候早已严格批评了我，当然大家再说还是好，“人不劝不善，钟不敲不叫唤”。（李英儒《战斗在滹沱河上》二一）

【人要文化，山要绿化】

人要学习文化知识，和山岭应该多植树造林是一样的。教育人要注重学习文化。

{例} 如今，人们不仅对绿化植树的意义有了全新的认识，而且懂得了绿化对调节气候、保持水土、美化环境、抵御自然灾害、维护生态平衡等所起到的积极作用，于是，又产生了新的绿化谚语，如“人要文化，山要绿化”……“若要地增产，山上撑绿伞”。（金旺《绿化谚语趣说》）

【若要好，问三老】

三老：泛指当地有声望的老人。指要想把事情办好，就要向德高望重的老年人请教。

{例} 我被他说得颇为心动，也想买进点，但还有点疑惑不决。有句话叫“若要好，问三老”，我再想去请教一下证券公司工作的老朋友。（陈百川《心动也要手动》）

【若要会，须和师傅同吃睡】

旧指要想学到师傅过人的本领，就要和师傅生活在一起，随时随地向师傅学习。

{例} 任字借作倚任之任，平字借作凭依之凭。俗语云：“若要会，须和师傅同吃睡。”你俩人以后任凭燕先生可也。（《林兰香》二三回）

提示：此谚也说“若要会，得跟师父一头睡”“若要会，跟了师父睡”“要想学得会，就得跟师父睡”。

【三朝媳妇，月里孩儿】

三朝(zhāo)：三天。月里：月子里，生育后的第一个月里。教导媳妇，要在刚娶过门的时候；

教育孩子，要从刚出生的婴儿开始。指教育的最佳时机是初期阶段。

｛例｝妹子道：“姐姐，不是我多说，三朝媳妇，月里孩儿，是惯不得的。人说好是假，自淘气是真。”（《三刻拍案惊奇》一六回）

提示：此谚也说“三朝的新妇，月子的孩儿”。

【桑条从小拗，大来拗不直】

拗（ǎo）：用力使变弯曲；使折断。桑树的枝条嫩时容易使它变直，等老了就不容易变了。比喻对孩子教育要趁早，长大定型就不易改变。

｛例｝谚云：“桑条从小拗，大来拗不直。”怎么教我不打这畜生！（《韩湘子全传》五回）

提示：此谚也说“桑条从小拗，长大拗不屈”。

【身教重于言教】

指身体力行做出榜样比泛泛空谈地教育人更有效。

｛例｝秋老虎一声断喝：“我三令五申，身教重于言教，你必须带头下地劳动，怎么就把我的话当成耳边风?”（刘绍棠《京门脸子》五章六）

提示：此谚也说“身教胜于言教”“言教不如身教”“言教辅以身教，身教重于言教”“言教千句，不如身教一句”。此谚告诉我们，要用自己的实际行动感染教育人，要用自己的行为给人示范。

【师访徒，徒访师，各三年】

师傅要花时费力挑选优秀的徒弟，徒弟也要花长时间寻访高强的师傅。指拜师收徒要慎重。

｛例｝常言说，“师访徒，徒访师，各三年”哪。我不是平白无故收下你的，我来到登州就听说你这个人了，小子人人敬。（袁阔成等《巧破乾坤楼》九回）

【师傅领进门，修行在个人】

修行：教徒虔诚地学习教义，并按照教义自我约束，身体力行。指师傅只起到引导作用，要想学到真本领，还要靠自己努力。

｛例｝师傅领进门，修行在个人。出师之后能不能打开场子，闯出名气，就全靠自己的努力进取和人缘儿好坏了。（刘绍棠《豆棚瓜架雨如丝》三）

提示：此谚也说“佛爷领进门，修行在个人”“师傅领进门，学艺在个人”“师傅引进门，修行在个人”。

【师傅是镜子，徒弟是影子】

指师傅的品德和才学会在徒弟身上反映出来。

{例} 张占魁、李存义两位英雄的品德特点都集韩金镛于一身了，师傅是镜子，徒弟是影子。(孙长山《武林奇杰韩慕侠》二章)

提示：此谚也说“啥师带啥徒”“师父是镜子，徒弟是影子”“有其师必有其徒”。

【师作舟楫徒行船】

舟楫：船只。师傅准备好了船桨等必要的设备和条件，驾驭船舶前行全靠徒弟自己。指老师只是传授知识，未来的提升、发展要靠自己。

{例} 杜老师却毫不介意，脸无愠色，一如往常，接过敬酒一饮而尽，细细品尝美味，又举箸夹菜压酒，这才慢慢悠悠地说：“你说得很对，我胸怀世界却足不出县，你是学生却飞遍全球。然而，这就是我的心愿，我的成果。这就是师之意义啊！正所谓‘师作舟楫徒行船么’。”(鲁钊《师作舟楫徒行船》)

【十年树木，百年树人】

树木：种植，栽培树木。树人：培养造就人才。培育树木十年就可以了，培养对国家有用的人才则需要几代人的功夫。指培养人才是长期而艰巨的任务。

{例} 班主任肩负着一个班几十名学生的灵魂塑造工作，十年树木，百年树人，稍有闪失，便会给学生个人、学生家庭和社会带来不良的后果。(赵国忠《班主任最需要什么——中外教育家给班主任最有价值的建议》)

提示：此谚也说“树谷一年，树木十年，树人百年”“一年树木，十年树人”“一年之计，莫如树谷；十年之计，莫如树木；终身之计，莫如树人”。

【世上三般最难事，教书管狱与当家】

指教书、管理监狱和管家，是世上最辛苦、最麻烦、最难做的三种职业。

{例} 此时接了这当家差使，不要三月五月，包管他即有了怨声。饶不着太太那样圣明人，犹有背后议论。时语说得好，世上三般最难事，教书管狱与当家。我说太太弄坏了他，并非别事，可惜他数年的美名，要因这当家上开除去了。(《绘芳录》六五回)

【授之以鱼，不如教之以渔】

授：给予。渔：捕鱼。送给别人现成的鱼，还不如教会人家捕鱼方法。指传授给学生既有的知识，不如教给他获取知识的方法和能力。

{例} “授之以鱼，不如教之以渔。”“渔”就是发挥学生的主体作用，调动学生的主观能动性，培养学习者学习策略和方法。(陈瑞生《学会学习顺应时代发展》)

提示：此谚也说“与其授之以鱼，还不如教之以渔”“授人以鱼，不如授人以渔”“授之鱼，不如授之以渔”“授人以鱼，不如教之以渔”“授人以鱼，只供一饭之需；教人以渔，则终身受用无穷”等。道理其实很简单，鱼是目的，捕鱼是手段，一条鱼能解一时之饥，却不能解长久之饥，如果想永远有鱼吃，就必须学会捕鱼的方法。真正的教育不是灌输已有的知识而是要交给学生打开知识宝库的钥匙。

【树不打杈要歪，人不教育要栽】

树不经过修剪就会长歪，人不接受教育就会栽跟头。指只有接受良好的教育，人才能健康成长。

{例} 俗话说：“树不打杈要歪，人不教育要栽。”别看是个指导员，不勤拿把拿把，一样会走到岔道上去。(姜元溪等《鲁中奇险传》二一回)

提示：此谚也说“树不砍不成材，逆子不教难成器”“树不修不成材，儿不育不成人”。

【树苗好栽成材难】

栽下树苗容易，但把树苗培育成有用之材却很难。比喻培养人才不容易，要精心呵护培育。

{例} 檩子好挑梁难选，树苗好栽成材难。培养个人才很不容易，要的是一颗心扑在队里。(赵象焜《张王李赵》)

【树木不修剪，只能当柴砍】

树木不经过整枝修剪，不能长成有用之材，只能砍了当柴烧。比喻要想培养出优秀的人才，必须进行严格教育。

{例} “树木不修剪，只能当柴砍”对学生尤其要如此，他做错了，我们要教导他如何改正，而不是一味地听之任之。(刊)

【谁有艺，向谁讨；哪儿有师父往哪儿跑】

指谁有真本事，谁的能力强，

就拜谁为师。

{例} 有的师父要求徒弟“艺不传二家”“拜佛只拜一尊”；有的则教育徒弟“一处投师，百处学艺”“多从一家师，多懂一家艺”“名家无定师”“问遍万家是行家”“谁有艺，向谁讨；哪儿有师父往哪儿跑”。由此可见，民间说唱的师承的方式是同中有异的。（任骋《从艺人谚语看民间说唱的师承传统》二）

【说书唱戏劝善的方】

方：方子，写着药方的纸。说书：表演评书、评话、弹词等。指说书唱戏等文艺表演是教育人，劝人向善学好的重要方式。

{例} 我从小就常听乡亲父老挂在嘴边的一句话：“说书唱戏劝善的方。”劝善就是教人学好。（刘绍棠《刘绍棠文集》总序）

提示：此谚也说“说书唱戏是劝人”“说书、唱戏劝人方”。此谚告诉我们教育无时不在，形式各种各样。

【天地君亲师，师徒如父子】

君：国君。亲：父母。旧指天、地、国君、双亲、师长，是人们必须尊崇的，师徒关系应该如同父子般亲密。

{例} 您的这两位爱女，乃是贫道我的徒弟。常言说：“天地君亲师，师徒如父子。”我就是不愿让她俩打这个仗，特地前来相劝的。（刘林仙等《薛刚反唐》五四回）

提示：此谚也说“师徒如父子”“天地君亲师”“天地为大，亲师为尊”。

【调皮的骡子能拉套】

调(tiáo)皮：不驯顺；顽皮。拉套：套在车辕的前面或侧面拉车。不听话的骡子被驯服后能拉得动重车。比喻顽皮的人头脑灵活，经过正确引导能够担起重任。

{例} 牟忠义没从正面回答，问：“这个人又踢又咬，你指挥得了他？”“调皮的骡子能拉套。”（张凤雏《铺满苔藓的路》九）

【徒弟技艺高，莫忘师父教】

指徒弟的技艺再高超精湛，也不能忘了师父教导的功劳。

{例} 维护行辈关系的名分是旧社会里民间说唱行业生存发展的需要，也是民间艺人师承传统中尊师爱徒的美德体现。艺人谚语中有……“徒弟技艺高，莫忘

师父教”等等说法，都体现了尊师爱徒、同行相亲这一点。（任骋《从艺人谚语看民间说唱的师承传统》一）

【娃娃不怕衣衫破，就怕肚里没有货】

货：比喻文化知识。指小孩衣服穿得破旧些没有关系，而没有学好文化知识才是更可怕的。

{例} 先祖们就认为肚子是人装东西的地方，能装吃的喝的，也能装文化知识。有民谚说：娃娃不怕衣衫破，就怕肚里没有货。(乔忠延《肚才》)

【为人师者，教书育人】

指作为教师，本职工作就是要传授知识，培养人才。

{例} 为人师者，教书育人。教书其次，育人才是根本。（赵国忠《班主任最需要什么——中外教育家给班主任最有价值的建议》）

【为师夸徒，必不是好师；为父夸子，必不是好父】

做师傅的夸耀自己的徒弟，一定不是好师傅；做父亲的夸赞自己的孩子，一定不是好父亲。指对徒弟、孩子不能多夸奖，以免其滋长骄傲情绪，一定要严格教导，方能使其成才。

{例} 此酒席虽不丰美，孩儿礼节不差。儿后来必有大用，自古道：“为师夸徒，必不是好师；为父夸子，必不是好父。”只是我为父的不是那不成材之父，你为子的胸中之才学，一向不曾与你讲习，可把你近日所读的经义细呈一篇与为父的看看。（《二度梅全传》一回）

【为师先做人，育人先正己】

做教师首先要学会做人，培养人才首先要使自己品德高尚。指作为教师要时时处处检点自己的言行，做好学生的表率。

{例} 教师是**21**世纪高素质人才的塑造者，“为师先做人，育人先正己”。每一位班主任首先要有较高的精神境界，为人正直，品行高尚，要有强烈的事业心、高度的责任感，要有“甘为人梯，乐为人梯，善为人梯”之精神。（倪敏《新时期怎样做好班主任——100个优秀班主任工作心得》）

【无师不成正果】

正果：佛教把修行得道叫作

成正果。没有老师教导，就不可能成功。指在老师的引导下，才能取得大的成就。

｛例｝弟子无知，省得什么来？望娘娘慈悲。自古道：无师不成正果。（《南海观音全传》二回）

【贤师出好徒】

指贤良优秀的师傅能带出好徒弟。

｛例｝想小孩子拳棒大为长进，这都是武师爷很费了心了。足见贤师出好徒！（王少堂《武松》六）

【小时不禁压，到老没结煞】

禁压：经得起严格教育。结煞：结果，结局。指小时不接受严格教育，等到老时就不会有好的结局。

｛例｝那妇人听见那女孩子发话，便大骂道："你这小贱人，做了个姐姐，不晓得教训兄弟，倒来我面前放肆！小时不禁压，到老没结煞。"（《荡寇志》一〇五回）

【小时偷针，大后偷金】

小时敢偷小东西，长大就敢偷贵重物品。指如果小时候不从严要求，孩子长大后就可能会犯大的错误。

｛例｝"小时偷针，大后偷金"的民谚在警示我们，如果由此而对中小学生乱打110的行为放任自流，不加教导，将会给社会带来多大的危害？（屈正洲《警惕"小恶"成大患》）

提示：此谚也说"小时偷针，大时偷金""小时偷针，大了要偷金""小时偷油，大了偷牛"。

【小树儿要砍，小孩儿要管】

砍：指修剪。小树不修剪长不成栋梁之材，小孩不管教成不了有用之人。指严格教育儿童，才能把他们培养成有用的人。

｛例｝再有个儿子，你打他我不拦你，你骂他我没半句怨言："小树儿要砍，小孩儿要管呀！"（刘绍棠《豆棚瓜架雨如丝》一六）

提示：此谚也说"小树儿要剪，小孩儿要管""小人要管，小树要砍"。

【兴趣是最好的老师】

儿童对某类事物产生了兴趣，就会自觉地去主动学习。指培养学生的学习兴趣至关重要。

｛例｝"兴趣是最好的老师"嘛。爱语文，才会去爱你的每一

节课，才会去钻研每一篇课文，课堂才有可能具有足够的空间和情感。（杜爱虹《论语文教师的课堂形象》）

提示：此谚也说“热爱是最好的老师”。此谚告诉我们，人一旦对某事物有了浓厚的兴趣，就会主动去求知、去探索，并在求知、探索中产生愉快的情绪和体验，所以古今中外的教育家无不重视兴趣在智力开发中的作用。

【学高为人师，身正为人范】

指学问高超、品德高尚的人，可以成为人们效法学习的榜样。也指教师应当首先做到学识渊博、作风正派，才能为人师表。

{例} 学高为人师，身正为人范。教师若能厚积薄发，率先走近古典文化，明章喻意……自然会对学生产生深远影响。（康春葆《揭开文学名著的神秘面纱》）

提示：此谚也说“身正为师，德高为范”“学高为师”“学高为师，身正为范”。

【训教不严师之惰，学问无成子之罪】

惰（duò）：懒惰，不负责任。罪：错误，罪过。对学生教导不严是老师不负责任；学生学习成绩不好是自己的过错。指教育是师生共同的责任，应当一起努力。

{例} 古人云：“训教不严师之惰，学问无成子之罪。”汝等既有诚心，可去焚香来拜了天地，我先传你些神力，然后可授武艺。（《西游记》八八回）

提示：此谚也说“教不严，师之惰”。

【严师出高徒，厉将出雄兵】

严格的老师能培养出优秀的学生，严厉的将领能带出战斗力强大的军队。指严格要求才能出人才。

{例} 干事就得有点煞威，别那么大姑娘气。我这身功夫，就是被师父打出来的。“严师出高徒，厉将出雄兵”呀！（曲波《桥隆飙》一九）

提示：此谚也说“慈父教孝子，严师出高徒”“没有严师，难出高徒”“严师才能出高徒，棒下才能出孝子”“严师出高弟，棒头出孝子”“严师出好徒”。

【养儿不教亲师过，不学心中总是愚】

指不指导教育孩子，是父母

双亲和老师的过失；孩子不用心学习文化知识，一定是愚昧无知的。

{例} 自古道：养儿不教亲师过，不学心中总是愚。比如佳树庭前种，灌溉宜勤不可疏。（欧阳倩《多情女》）

【养女不教如养猪，养子不教如养驴】

生养子女但不严格教育就如同饲养猪、驴等畜生一般。指对子女不光要养活使长大，更重要的是要加强教育培养。

{例} 余慎还是气哼哼地一面咂着跟班递来的杂拌烟，一面撇起官腔叱骂道："混账王八蛋，你可晓得养女不教如养猪，养子不教如养驴？"（李劼人《大波》二部四章四）

提示： 此谚也说"养儿不教如养虎，养女不教如养猪""养女不教如养驴"。

【要给别人一碗水，自己就得有一桶水】

指要给别人传授知识，自己就必须有广博深厚的知识做支撑。

{例} 常说要给别人一碗水，自己就得有一桶水。张老师为了把功夫练得精益求精，做到厚积薄发，哪里有提高班，她就到哪里去深造。（黄巧联《一技之长，奉献众人》）

提示： 此谚也说"要给学生一杯水，自己就要有一桶水""要给学生一碗水，自己就先得有一桶水""要想给别人一杯水，自己就应有一桶水"。

【要知河深浅，须问老艄公】

艄(shāo)公：掌船人。指要想对某方面知识深入了解，就要向经验丰富的内行学习请教。

{例} 程辉哥，"要知河深浅，须问老艄公"，这道理你还不懂？（聂海《靠山堡》四）

提示： 此谚也说"要知江上事，当问老艄公""要知海深问渔夫，要知山高问猎户"。

【一处投师，百处学艺】

指可以只在一个地方拜师学艺，但同时还要向多家学习，博采众家之长。

{例} 有的师父要求徒弟"艺不传二家""拜佛只拜一尊"；有的则教育徒弟"一处投师，百处学艺""多从一家师，多懂一家艺""名家无定师""问遍万家是行家""谁有艺，向谁讨；哪

儿有师父往哪儿跑”。由此可见，民间说唱的师承的方式是同中有异的。（任骋《从艺人谚语看民间说唱的师承传统》二）

【一日为师，终身为父】

老师哪怕只教过自己一天，也要像敬重父亲一样一辈子敬重他。指学生对老师应当极其敬重。

{例} 算我从今天起才拜你老人家为师吧！“一日为师，终身为父。”我一生也忘不了师傅的恩典！（吴有恒《山乡风云录》一三章）

提示：此谚的不同说法较多，如“一日为师，终生是父”“一日为师，终生为父”“一日之师，终生为父”，都体现了要尊敬老师、要重视教师的传统道德观念。

【遗子黄金满籯，不如教子一经】

籯（yíng）：箱笼等类盛器。经：指经典著作。留给子孙满箱的黄金，不如教他们学习一些经典书籍。指给子女留下精神财富比物质财富更珍贵。

{例} 如不迫使子弟走一条自强不息的道路，“崽花爷钱不心疼”“身在福中不知福”，到头来不但毁了父辈的业绩，也葬送了子弟的一生，良可慨叹！做父母的，常记“遗子黄金满籯，不如教子一经”，是不无益处的。（王树山《劝君熟读教子谚》）

提示：此谚出自《汉书·韦贤传》：贤四子：长子方山为高寝令，早终；次子弘，至东海太守；三子舜，留鲁守坟墓；少子玄成，复以明经历位至丞相。故邹鲁谚曰：“遗子黄金满籯，不如教子一经。”此谚也说“黄金满籯，不如教子一经”“遗子黄金满籯，不如一经”。

【有事弟子服其劳】

指老师有了事情，学生应主动帮助老师，为老师服务。

{例} 她心里一机灵，便笑着迎上前道：“李老师，有事弟子服其劳，我送你回府吧。我有手电筒呀。”（张恨水《巴山夜雨》六章）

提示：此谚出自《论语》，是子夏问“孝”时，孔子的答复。现在既指学生对老师的尊敬，也指子女对父母的孝行。

【有状元徒弟，没有状元师父】

状元：科举时代称殿试第一名为状元。也指在本领域（本行业）中成绩最好的人。指优秀学生的知识、能力往往会超过老师。

{例} 你可别小瞧我的徒弟，常言道："有状元徒弟，可没有状元师父。"（《英雄大八义》五二回）

提示：此谚也说"有状元徒弟，无状元师傅"。

【玉不琢，不成器；人不磨，不成才】

琢：雕刻玉石。玉石不经过雕刻打磨，不能成为精美珍贵的器物；人不经过学习，就不会成为有用的人。指人只有接受教育和经历艰苦磨炼，才能成为有用之才。

{例} 从此家伯父对我更严了，这也就是，"玉不琢，不成器；人不磨，不成才"。（房群等《剑与盾》一六）

提示：此谚出自《礼记·学纪》："玉不琢，不成器；人不学，不知道。是故古之王者建国，君民教学为先。"此谚也说"玉不琢，不成器；人不学，不知道""玉不琢，不成器；人不磨，不成道""玉不琢，不成器"。

【欲知山中路，须问打柴人】

比喻想要明白事情真相，就得咨询了解情况的人。

{例} 没有找错，俗话说："欲知山中路，须问打柴人。"我们是诚心来向你讨教的！（罗旋《南国烽烟》一部三）

提示：此谚也说"欲知山下路，须问过来人""欲知三岔路，须问去来人""欲知山下路，须问往来翁"。

【再穷不能穷教育，再苦不能苦孩子】

再贫穷也得先投资教育，再困难也得先培养孩子。指国家和社会都应把教育放在首位。

{例} 我们不是常说"再穷不能穷教育，再苦不能苦孩子"吗？这应该成为我们当爸爸、妈妈、爷爷、奶奶的座右铭，十年树木，百年树人，培养人才要从娃娃抓起。（李士《学好数理化，走遍天下也不怕》）

【长教不如幼教，幼教不如胎教】

孩子长大后再教育，不如孩子年幼时教育；年幼时教育不如怀胎时教育。指教育子女应尽早开始。

{例} "打铁趁热，教子趁早"，"长教不如幼教，幼教不如

胎教”。这些谚语，都是强调“早”的。胎教、婴教，贵在起始。（王树山《劝君熟读教子谚》）

【致富先治愚，治愚办教育】

要走向富裕，先要消除愚昧无知；而消除愚昧无知，就必须兴办教育。指国富民强的必要条件是兴办教育。

{例} 常言道：“致富先治愚，治愚办教育。”家乡面貌的改变，要靠一批有知识、懂技术、勇于进取的人才。（胤龙《面对故土的渴盼》）

提示：此谚也说“致富先修路，治愚办教育”“治穷先治愚，治愚办教育”。

【钟不敲不鸣，人不教不懂】

指学习技艺没有老师的批评教导不可能进步。

{例} 在民间说唱传承方式上虽然也讲“经师”的重要，如所谓“井淘三遍吃好水，人受调教武艺高”“钟不敲不鸣，人不教不懂”，但更多的是强调徒弟的自学。（任骋《从艺人谚语看民间说唱的师承传统》）

【子不言父名，徒不言师讳】

讳（huì）：避称其名。指子女不能叫父亲的名字，徒弟不能说师傅的名字。指要尊敬长辈和老师。

{例} 直至今天，晚辈仍不习惯直呼长辈的名字，晚辈称呼长辈时，必须以辈分称谓代替名字称谓。因此，才有“子不言父名，徒不言师讳”的俗语。（葛晨虹《中国古代的风俗礼仪》——）

【子大父难为，徒大师难当】

孩子长大成人，就不愿再接受父母的教导；徒弟学有所成，就不轻易服从师傅的管教。指教育方法要根据教育对象的实际情况不断调整。

{例} 从某种角度讲，徐勃是刘成林的师傅，但随着时间的推移，已出现了“子大父难为，徒大师难当”的局面了。（雨加《荒山古墓》一）

二、珍惜时光

【白日莫闲过，青春不再来】

白日：白天，时光。每一天的光阴都不要白白度过，青春时光浪费了就不会再回来。激励年轻人一定要珍惜时间，否则将来会后悔。

{例} 幼不学，老何为？长江后浪催前浪，一替新人趱旧人，白日莫闲过，青春不再来，春花不红不如草，少年不美不如老。(谭雪佼《青春本色》)

【百金买骏马，千金买美人，万金买爵禄，何处买青春】

骏马、美人、爵禄，虽然名贵，但可以拿钱去买，而人的青春是无价的，再有钱也买不到。指青春年华无价，不能白白浪费。

{例} 自古以来，百金买骏马，千金买美人，万金买爵禄，然而何处买生命青春?! 儿子无钱也不需要那些身外之物，能够花万金买一束金达莱献给妈妈，赎回妈妈失去的生命、青春年华，该是件多么美好的事情！（小新《怀念妈妈》）

【百年三万六千日，光阴止有瞬息间】

止有：只有。一百年也就三万六千天，转眼就会过去。感慨光阴易逝。

{例} 常言道：百年三万六千日，光阴止有瞬息间，万事犹如一梦。（明·柯丹丘《独步大罗天》）

【百年随手过，万事转头空】

人的一生在不留意间就过去了，人死后，世间万物就和自己没任何关系了。告诫人们要珍惜时间。

{例} 〔金盏儿〕恰春到，百花红，早夏至，绿阴浓，秋来不落园林空，呀，早霜寒十月过，春夏与秋冬。今日是一个青春年少子，明日做了白发老仙翁。岂不闻：百年随手过，万事转头空。(元·史樟《庄周梦》一折)

【百岁常怀千岁忧】

人生最多不过一百来年，但

也常有着千年后的忧虑。指人生虽然短暂，但胸有大志的人常常会考虑到遥远的未来。

{例} 那些个百岁常怀千岁忧，搜寻遍四大神州。运机筹，这功绩难收，可惜万里江山一旦休。（元·无名氏《连环计》一折）

【百岁光阴如捻指，人生七十古来稀】

捻指，即弹指间，一会儿。百年的光阴一会儿就过去了，人能活到七十岁很不易。感叹人生短暂。

{例} 恭人道："也是说个七十来岁的婆婆。"大伯道："年纪须老，道不得个：百岁光阴如捻指，人生七十古来稀。"（《古今小说》卷三三）

【百岁光阴若火烁，一生身世水泡浮】

人的一生就像火光一闪那样短暂，像水泡浮在水面转瞬即逝。指人生易逝。

{例} 浮世上急急忙忙，争名夺利，皆为着一身衣食计，儿女火坑，牵缠逼迫，何日得个了期？古语云："百岁光阴若火烁，一生身世水泡浮。"（《韩湘子全传》一一回）

提示：此谚也说"人是水中泡"。

【百岁流光如过客，人生得闲且开襟】

百岁：百年，指人的一生。人的一生如匆匆过客，有空闲时要乐观豁达。指光阴似箭，要有积极乐观的人生态度。

{例} 自古说：百岁流光如过客，你可知，人生得闲且开襟，妇人听了含欢应，兄长良言没自遵。（《笔生花》二五回）

提示：此谚也说"百岁光阴如过客""百岁光阴如过客，不开口笑是痴呆"。

【笨鸟先飞早入林，小船早开先到岸】

比喻愚笨的人提前行动，也能收到好的效果。

{例} 文化低怕什么，谁也不是一生下来就高的，学嘛！咱渔家有句俗话："笨鸟先飞早入林，小船早开先到岸。"不会就学，就练。（姜树茂《渔港之春》一五）

提示：此谚语与"笨人先起身，笨鸟早出林"区别在于此谚更强调提前行动后，会产生良好的效果。

【笨人先起身，笨鸟早出林】

行动笨拙的人，要比别人早点出动，就像飞得慢的鸟就要早点出林觅食一样。指能力差的人做事，应该比别人提前开始行动。

｛例｝常言道："笨人先起身，笨鸟早出林。"业务不熟，就早起贪黑，苦学苦练，自然就会由不熟练到熟练的。依我说，人只要有一身好苦头，就什么也不怕。(单亚贤《为"主动"进一解》)

提示：此谚也说"夯雀儿先飞""灵禽在后，笨鸟先飞"。

【鬓边霜雪不饶人】

鬓：鬓角。霜雪：比喻须发皆白。指岁月无情，韶华易逝，人总会衰老的。

｛例｝〔正末唱〕看了这天上兔乌如去箭，鬓边霜雪不饶人。〔阿难云〕吾人有生必有死也。〔正末唱〕生死都休论，但能够三乘早悟，那里望四大常存。(明·无名氏《双林坐化》一折)

【不会做饭的看锅，会做饭的看火】

不会做饭只知掀开锅盖看饭熟了没有，而会做饭的是注意观察火候，做出正确判断。比喻做事要把握住关键时机。

｛例｝杨英认真地说，"老百姓讲话：不会做饭的看锅，会做饭的看火。现在火候到了，要是给群众泼凉水，我怕反而要犯错误！"(孔厥《新儿女英雄续传》一四章五)

【草随季节长，人靠机会抖】

草是随季节长起来的，人是靠好机会成功的。指干事情要抓住机遇。

｛例｝这就叫抓机会，草随季节长，人靠机会抖！现在蘑菇，外贸保收，等大后都养起来，货多俏，他们就该仰起脸儿啦！什么质量呀，等级呀，规格呀，扭着腰儿拿把子！(宋海清《囊神小传》一一)

【错过此渡无好舟】

错过这次机会就很难遇到更好的时机了。劝人抓住有利时机做事。

｛例｝白酱丹随即发表了一篇于己有利的时评。"娃娃！"他结束道，"你试试看，——错过此渡无好舟！"(沙汀《淘金记》二二)

【打铁要趁热，治病要趁早】

打铁在温度高时容易成型，

治病在病初发阶段容易治疗。指应该趁着有利的时机抓紧去做。

{例} 俗话说："打铁要趁热，治病要趁早。"打官司呢，第一要脑袋尖，才好到处钻营。(吴越《括苍山恩仇记》二七回)

【当取不取，过后莫悔】

遇到机会如果不尽力争取，过后就会后悔。劝诫人要把握机会，不要因错过而留下遗憾。

{例} 公孙胜道："此一套富贵，不可错过！古人有云：当取不取，过后莫悔。晁保正心下如何?"(《水浒传》一五回)

提示：此谚也说"当取不取，过后难取"。

【凡事抢个早，一早百早】

抢：赶快，赶紧。指做事要赶早，赶早了后面的事就好办了。

{例} 凡事抢个早，一早百早。俺们今年占了三个早：积肥工作动手早；送肥下地早；行犁又比别人早。(陈登科《风雷》一部五一章)

【赶集早入城，赶席早入棚】

赶集：赶到集市上去做买卖。到集市上去做买卖，要早早进城；赶着吃酒席，要早早进入席棚。比喻做事要及早动手。

{例} "大海，你为嘛这么着急，一天就把活儿干完了?"大海说："赶集早入城，赶席早入棚。我把你的活儿尽量往前赶，难道不好嘛?"(鲍昌《庚子风云》一部三章)

【赶十五不如赶初一】

指做事不能拖沓，应当及早行动。

{例} 分田是天下大事，"赶十五不如赶初一"，好事要越快办越好。(吴南生《革命母亲李梨英》)

【功者难成而易败，时者难得而易失】

建成功业很难，而失败却是经常的；获得时机很难，而失去却很容易。指要珍惜所拥有的时间和机会。

{例} 元帅，夫功者难成而易败，时者难得而易失，时乎时乎不再来。(明·沈采《千金记》三四出)

【光景百年，七十者稀】

光景：光阴；时光。旧时人

的寿命较短，能够活到七十岁的就很少见了。指人生短暂易逝。

{例} 人言“光景百年，七十者稀”，为其倏忽易过，而命穷之人，晚景最不易过。（宋·袁采《袁氏世范·睦亲》）

【光阴似箭，日月如梭】

梭：织布时牵引纬线的工具，来回投掷很快。光阴像飞箭般流逝，日月如穿梭般交替。指时间过得极快。

{例} 说不尽光阴似箭，日月如梭。历过了夏月炎天，却又值三秋霜景。（《西游记》五九回）

提示：此谚也说“光阴如过隙白驹”“光阴如水，日月如梭”“光阴似箭催人老，日月如梭赶少年”“光阴似箭催人老，日月如梭快似云”“日月如梭，光阴似箭”。在“光阴似箭”和“日月如梭”里，“光阴”和“日月”分别是本体，“似”和“如”分别是比喻词，“箭”和“梭”分别是喻体。它们分别构成比喻关系。

【花开在春天，人学在少年】

鲜花在春天盛开，人们的学习应该在青少年时期。指青少年是学习的最佳时期。

{例} 因而老话才说：“花开在春天，人学在少年。”然而人往往是“少壮轻年月，迟暮惜光辉”“等你认得秤了，早就卖完肉了”。（李建永《母亲词典》）

提示：此谚也说“花开在春天，读书在少年”。此语的核心常在后一部分，前一部分“花开在春天”起比喻、陪衬作用。

【花有重开日，人无再少年】

花儿凋谢了，明年可再开；人老了，不会再变成少年。感叹人生短暂，青春难再。劝诫人们要珍惜青春，切莫虚度。

{例} 花有重开日，人无再少年。休道黄金贵，安乐最值钱。（元·关汉卿《裴度还带》二折）

提示：此谚也说“花有重开日，人无返少期”“花有芬芳重开日，人无两度再少年”。

【机会一失，不可再得】

有利的时机一旦失去，就再也得不到了。指机遇稍纵即逝，要及时抓住机遇、把握机遇。

{例} 丞相爷一人之下，万人之上，谁敢议论。况状元乃天禄石渠之贵客，小姐是瑶台阆苑之神

仙。自古道机会一失，不可再得。（明·沈受先《三元记》三一出）

提示：此谚也说“时不再来，机不可失”。

【急行赶过慢行迟】

动身早、行动快的已经超过预定地点，动身迟、行动慢的还没有赶到。指做事要早、要快，不能拖拉。

{例} 陈无己诗，亦多用一时俚语。如“急行宁小缓”“急行赶过慢行迟”。（宋·庄绰《鸡肋编》卷下）

【家有三件事，先捡紧的干】

家里有多件事，要先挑选紧要的事情办理。指办事情先挑选紧急的办。

{例} 家有三件事，先捡紧的干。日本鬼已经打到家门口，打老财主，只好放到第二步。这就叫民族矛盾超过阶级矛盾。解决了一个，再解决一个。（刘江《太行风云》三四）

【江水长流，白云易逝】

时光就像江水流逝一样一去不复返，像天空的白云一样容易消失。比喻时光过得很快。

{例} 江水长流，白云易逝，转一转眼便过了一个月。（陈残云《香飘四季》三四章）

提示：此谚也说“江水长流，辰光易逝”。

【科发少年郎】

科举考试考中的多是青少年。指年轻人精力充沛，只要努力，就能有所建树。

{例} 〔寄生草〕斗来大，黄金印；天般高，白玉阶。那其间两班文武齐陪侍，博得的五花诰敕褒先代，不枉了一生勤苦多宁耐。常言道：“科发少年郎。”俺如今酬志了春秋迈。（明·冯北海《不伏老》一折）

提示：此谚告诉我们，青少年才思敏捷，只要珍惜青春，勤奋努力，就会有作为。

【来得早，洗头汤；来得迟，洗浑汤】

头汤：刚放入浴池的清水。浑汤：经多人洗浴后的浊水。去公共浴池洗澡，早点去可以用干净水洗，去晚了只能用污水洗。比喻做事赶早得利，迟到吃亏。

{例} “来得早，洗头汤；来得迟，洗浑汤。”人未有不爱清而

恶浊也。谚若为人劝驾者，曰："宁来早，莫来迟。"以清与浊之不一也。（清·王有光《吴下谚联》卷四）

提示：此谚也说"早洗清，迟洗浑"。

【良臣择主，智者见机】

良臣：贤良的臣子。机：时机。指优秀的臣子选择清明有为的君主而为其效劳，聪明的人善于把握采取行动的时机。

{例} 柴绍道："良臣择主，智者见机。魏公骄矜忌刻，且处四战之地，恐难有成。不若且此栖迟，以观其变。"叔宝道："魏公倚我如左右手，不容去身。今即当返命，不敢迟滞，望兄周旋，早返东都，正是友谊。"（《隋史遗文》四九回）

【良宵苦短，胜事难逢】

良宵：美好的夜晚。胜事：优美的事情。指美好的时光过得很快，而美好的事情很难遇到。

{例} 闲话且休讲，自古道良宵苦短，胜事难逢。我两个一边唱曲，陈、吴二位相公一边劝酒，让他名士、美人，另做一个风流佳会何如。（清·孔尚任《桃花扇》八出）

【慢不如快，快还不如急】

指抓紧时间办事情，越快越好。

{例} 他们这号人对这样事，向来是慢不如快，快还不如急，定规了后天就办喜事。这一家伙可把个刁世贵乐得合不上嘴，当天就通知他的亲友，他的家里准备办喜事。（刘流《烈火金钢》二六回）

【美景不长，良辰难再】

美丽的风景不会常在，良好的时刻不会再来。指美好的事情不会长久，要好好珍惜。

{例} 要知"天道忌全，人道忌满""美景不长，良辰难再""人无千日好，花无百日红"，保不住"杯中酒不空"，又怎保得住"座上客满堂红"？（《儿女英雄传》三〇回）

【梦中方一日，世上已千年】

梦里才过了一天，人世间已跃过千年。常用来慨叹时光飞逝、人生短暂或变化巨大。

{例} 赵大胜真有梦中方一日，世上已千年的感觉了。他急切地问道："怎么回事，快告诉我。"（肖玉《紧锁关山》一二章六三）

【明月不常圆，好花容易落】

明亮的月儿不会常常是圆月，美丽的鲜花容易凋谢。比喻美好的事往往很短暂。

{例} 不仅美人不见，迷香洞亦不知所在矣。生大悟曰：“明月不常圆，好花容易落，此之谓乎！”乃逡巡而返。（清·程趾祥《此中人语》卷四）

提示：此谚也说“明月不常圆，彩云容易散”。

【莫道君行早，更有早行人】

不要以为自己走得早，还有比自己更早的人。告诫人们不要自我满足，要知道随时会有人超越自己。

{例} “莫道君行早，更有早行人。”在你认为还早的时候，说不定你的竞争对手已走在前面了，所以超前思维超前行动在任何时候都不过迟。（散宣《超前行动——莫道君行早，更有早行人》）

提示：此谚也说“莫道人行早，还有早行人”“夜眠清晨起，路上又有早行人”。

【宁叫做过，莫要错过】

遇事宁可做一下试一试，也不要失去机会。指机会难得，要牢牢抓住。

{例} 凌云对若男说：“宁可做过，不可错过，破案就是要抓紧稍纵即逝的机会。”（飞歌《效颦》二）

提示：此谚也说“宁可做过，不可错过”。

【千摇万摇，不如缭脚伸腰】

摇：摇橹。缭脚：收放帆篷的绳索。伸腰：帆篷绷直。指摇橹划船费了很大的劲儿，但还是不如扬帆顺风来得快。比喻做事要把握时机，乘势而行。

{例} 千摇万摇，不如缭脚伸腰。缭，收放帆布之线索也。橹速不如帆快，一帆风饱，则缭脚伸直。比喻谋事者不如乘势待时也。（胡祖德《沪谚》卷上）

提示：此谚也说“千摇万摇，勿如风篷直腰”。

【青春过去无年少】

美好的青春会一去不复返。告诫年轻人要珍惜时光。

{例} 老弟，青春过去无年少呀，金玉良缘，你可不能轻易放过哟！（马国超等《马本斋》八章）

【人过三十不学艺】

旧时认为，人过了三十岁精

力就不足了，不宜再学习技艺。指要趁着年轻，精力旺盛，多学本领。

{例} 虽然有俗语告诫：人过三十不学艺；但三十以前想学而缺机会，三十以后有机会却少了精力，那就只有华山一条路，赶着学、赶着考就是了。（耿长春《赶考》）

提示：此谚也说“人到三十不学艺”“人过四十不学艺”。

【人老何曾再少年】

何曾：反问，表示未曾。指人老了，不可能再一次变回青少年，提醒人珍惜光阴。

{例} 可知，可知，你可甚只愿儿孙个个贤。月缺又重圆，人老何曾再少年！（元·无名氏《云窗梦》一折）

【人生百年如过客】

人活一辈子，就像过路的客人。指人生短暂，应好好珍惜。

{例} 人生百年如过客，难把流光捱。（明·康海《王兰卿》四折）

提示：此谚也说“人生百年，光阴无几”“人生百年有几”“人生都是客”“人生如朝露”。

【人生但讲前三十】

人的一生是否有所作为，主要看前三十年。指人的前半生是奠定一生事业的基础。

{例} 俗语“人生但讲前三十”。若得他后来发达，然后得个诰命，怕女儿早已老了。（《廿载繁华梦》）

【人生难得是青春】

指人生最珍贵的是青春时光，不要虚度。

{例} 合之百岁光阴，最妙者是少年，而最短者亦是少年。古人云：人生难得是青春。语真不谬。（《绘芳录》二回）

提示：此谚也说“人生难遇少年时”。

【人生能有几回搏】

搏：拼搏。指人生光阴短暂，难得有几次拼搏的机会，应该珍惜。

{例} 她有雄心万丈的卢海秀作后盾，真是大展宏图的时刻到来了。“人生能有几回搏”，尹鸿媛决心大干一番了。（星城《立体交叉战争》四章一）

提示：此谚也说“人生难得几次搏”“人生难得几回搏”。

【人生一世，草生一秋】

一世：一辈子。一秋：一年。人活一辈子，像草木生长一年一样。感叹时光短暂，告诫人应惜时做事，不要虚度此生。

{例} 人生一世，草生一秋。不学些本事，做些功业，扬名于万代之下，似此一抔黄土，谁别贤愚。（《平妖传》一〇回）

提示：此谚也说“人活一世，草木一秋”“人生一世，草茂一春”“人生在世，草木一秋”“人生一世，草生一春”“人生一世，草长一春”等。此谚语说明，不要一味地感叹光阴短暂，更要珍惜时光。

【少年读书，如石板刻字；中年读书，如粉笔写字；老年读书，如水面画字】

少年时学习，学到的知识就像刻在石板上，印象深刻；中年时，记忆力衰退，就像用粉笔写的字，容易忘记；老年时，学到的知识，就像水过无痕，没多少印象。指要珍惜光阴，趁年轻多学知识。

{例} 常言，少年读书，如石板刻字；中年读书，如粉笔写字；老年读书，如水面画字。因而老话才说：“花开在春天，人学在少年。”然而人往往是“少壮轻年月，迟暮惜光辉”“等你认得秤了，早就卖完肉了”。（李建永《母亲词典》）

【少年休笑白头翁，花开有得几时红】

白头翁：白发老翁。年轻人不要嘲笑白发老翁，时间的流逝就像花儿绽放那样短暂，转眼你自己也会衰老。指时光流逝极快，应当珍惜光阴。

{例} 少年休笑白头翁，花开有得几时红？言年少光阴，不能常驻也。（胡祖德《沪谚》卷上）

提示：此谚也说“年少别笑白头人”。

【少壮不努力，老大徒伤悲】

徒：徒然，白白地。年轻力壮时不知努力上进，到年老体衰时一事无成空后悔。告诫青年趁年轻要珍惜时间，多加努力。

{例} 〔生〕古人云：“少壮不努力，老大徒伤悲。”丈夫功业当及时建立，以垂不朽。若只蹉跎岁月，流连光景，难免后时之悲，失时之悔。（明·冯北海《不伏老》一折）

提示：此谚也说“少年不努力，老大徒伤悲”“少小不努力，老大徒伤悲”。

【少壮轻年月，迟暮惜光辉】

年轻的时候，不知道时间的珍贵；年龄大了，才知道珍惜时间。告诫年轻人莫虚度时光。

{例} 常言，少年读书，如石板刻字；中年读书，如粉笔写字；老年读书，如水面画字。因而老话才说：“花开在春天，人学在少年。”然而人往往是“少壮轻年月，迟暮惜光辉”“等你认得秤了，早就卖完肉了”。（李建永《母亲词典》）

【失去的金子可以找回，荒芜的时间找不来】

指时间比金子更宝贵，一定要珍惜，不可荒废。

{例} 在科学发展一日千里的今天，时间是决定一切的。难怪俗语说的：“失去的金子可以找回，荒芜的时间找不来。”（刊）

【时光瘦，指缝宽】

形容时光匆匆，光阴短暂。

{例} 时光瘦，指缝宽。一转眼十年了。陈昭 17 岁那年春末，母亲病逝，很快她便被继父扫地出门，手里拿着一纸大学通知书无处可去，最后只能怯生生地站到了大伯打工的工地前。（沈嘉微《玛利亚要不要爱上木匠》）

【时间就是金钱，效率就是生命】

指要获得经济效益，扩大发展事业，重要的是争取时间和提高工作效率。

{例} 同志们，请记住：搞四化建设时间就是金钱，效率就是生命！这是刻不容缓的大事。（水运宪《雷暴》三章一）

提示：此谚也说“时间就是金子”“时间就是金钱，效益就是生命”。

【时间就是生命】

时间与生命一样重要。告诫人要如同珍惜生命一样珍惜时间。

{例} “时间就是生命。”这句话不难理解，从客观角度来讲，时间的延长，就等于生命的延长。鲁迅曾把浪费别人的时间比作“谋财害命”，把自我浪费时间比作“慢性自杀”，这的确是入木三分的。（施银妹《时间就是一切》）

【世无百岁人，枉作千年调】

枉：白白地，徒然地。调：谋划。千年调：指长远打算。指人生短暂，不要被名利羁绊、不要为后代子孙设计。

{例} 身子恰像生铁铸就、熟铜打成，长生不死一般，日夜思算，得一望十，得十望百，堆积上去，分文不舍得妄费。正是：世无百岁人，枉作千年调。（《醒世恒言》卷一七）

提示：此谚也说“世无百岁人，枉作千年计”“世无百岁人，枉作千年事”。

【虽有智慧，不如乘势；虽有镃基，不如待时】

镃（zī）基：古代农具名，大锄。虽然具有聪明才智，也不如顺着形势发展有利；即便有好的农具，也不如按照农时操作管用。指要想获得成功，就要善于把握有利时机。

{例} 齐人有言曰：“虽有智慧，不如乘势；虽有镃基，不如待时。”今时则易然也。（《孟子·公孙丑章上》）

提示：此谚也说“虽有镃基，不如逢时”。

【岁月不饶人】

指岁月催人老，谁也抗拒不了。

{例} 贤弟，六年不见，你变得多了，宣南诗社那当儿，你还是青丝满头，如今却鬓发全白了。“岁月不饶人”哪！（马建勋《国魂》九章）

提示：此谚也说“岁数不饶人”“岁月催人老”。

【万般事仗少年为】

仗：倚仗，依靠。人一生的成就，全靠年轻时的作为。劝诫人趁年轻多努力做事。

{例} “万般事仗少年为”“少壮不努力，老大徒悲伤”。我等欲为大业，必在青年。（胡祖德《沪谚》卷上）

提示：此谚告诉我们，趁着年轻，抓住年少时光，多做实事，将来才会有成就。

【无药可医长夜病，有钱难买少年时】

长夜病：相思病。相思病无药可医，有多少金钱都难买回少年时光。指心病难医，少年时光珍贵。

{例} 无药可医长夜病，有钱难买少年时。奴家只道那人在百

花园中饮酒，谁知他早已掩在空园林内，哄我下楼，将他奚落。(明·无名氏《西湖记》二三出)

【五更侵早起，更有夜行人】

五更：旧时将黄昏到拂晓一夜的时间分为五个更。每一更大约 **2** 个小时。这里的五更即第五更，也就是天快亮的时候。侵早：清早。天还不亮就起床上路，哪知路上已经有了连夜赶路的人。告诫人不能骄傲自满，还有更珍惜光阴、努力勤奋的人走在自己的前面。

{例} 到琅邪。邪打师一坐具，师亦打邪一坐具。邪接住曰："适来一坐具，是山僧令行，上座一坐具，落在甚么处？"师曰："伏惟尚飨。"邪拓开曰："五更侵早起，更有夜行人。"师曰："贼过后张弓。"(宋·普济《五灯会元》卷一二)

【先下米，先吃饭】

比喻早动手做事，就能早获得利益。

{例} 俗话说的：先下米，先吃饭。果然有命，水到渠成，十年之间，不愁到不了台阁封疆的地位。(《儿女英雄传》三〇回)

【羡人吃饭，不如赶紧淘米】

羡：羡慕。羡慕人家已经吃上饭了，不如自己加快速度洗米煮饭。比喻与其空空羡慕别人的好事，不如自己抓紧时机行动。

{例} 你们二爷不到这里来贺喜，无非"见人吃饭喉咙痒"罢了。但是，你回去禀告主人，"羡人吃饭，不如赶紧淘米"。(程瞻庐《唐祝文周四杰传》三三回)

【咽喉深似海，日月快如梭】

咽喉：借指肠胃。梭(suō)：织布机中牵引纬线的工具，形如枣核。咽喉吞咽食物，就像大海一样无边；日月逝去，就像穿梭一般急速。指人每天都要吃饭，天长日久，应该精打细算，做长远安排。

{例} 姐夫，你须不是这等算计，坐吃山空，立吃地陷。咽喉深似海，日月快如梭。你须计较一个常便！(《醒世恒言》卷三三)

【要想富，早穿裤】

指起早贪黑，勤劳苦干，就能够创造富裕生活。

{例} 起大早，俺就上了坡；天一亮，上千来斤草就打好了。"要想富，早穿裤"嘛！(刘颖南

《怪老头》)

提示：此谚也说“要想日子常常富，鸡叫三遍离床铺”。

【一步赶不上，步步赶不上】

指在工作或学习上，关键的一步如果跟不上别人，就会步步跟不上，一直落后。

{例} 人常说：“一步赶不上，步步赶不上。”何况王连生兑下几年的饥荒！于是，他只得年年还了利钱再欠债，还了欠粮再借粮。(胡正《汾水长流》二〇章)

提示：此谚也说“一步没赶上，步步赶不上”。

【一步领先，步步领先】

指关键的一步抢在前头，就能够形成良性循环，越做越好。

{例} 所谓“一步领先，步步领先”，这一招“点石成金”祭出后，此地的人气指数、财气指数大幅飙升，公司也正式更名为天安数码城有限公司。(安月《天安数码城之江湖传奇》)

【一年之计在于春，一日之计在于晨】

一年计划的实施，主要看春季；一天计划的实施，主要看早晨。指做事宜趁早。

{例} 一年之计在于春，一日之计在于晨。(南朝梁·萧绎《纂要》)

提示：此谚也说“一年之计在于春，一日之计在于寅”“一年之计在春，一日之计在寅”“一年之计，惟在于春；一日之计，惟在于晨”等。

【一日事，一日毕】

当天的事情应该当天完成。告诫人做事要及时，不要拖拉。

{例} 为了做到“一日事，一日毕”，中年人有必要为工作定一个具体的计划，今天干什么，明天干什么，心里一清二楚，不要在力不从心的情况下去争取“超额”。(石秀印《中年人工作中的烦恼及其解除》)

【宜早不宜迟】

宜：应该。指做事要抓住时机，应赶早进行，不应迟缓落后。

{例} 马斋说：“一行动起来，人就多啦。干吧，宜早不宜迟，趁着热劲儿，快下家伙呀！”(浩然《艳阳天》一三四章)

【有拦截的江河，没有阻断的时光】

江河能够被拦截，时光却无法阻断。指时间一刻不停飞逝，谁也阻挡不了。

{例} 俗话说，有拦截的江河，没有阻断的时光。日子过得好赖，父子俩糊涂清干，且只是往前混着。（老村《骚土》二〇）

【早起三朝顶一工】

朝(zhāo)：早晨。指三天起早干活，顶得上一个工作日。

{例} “是林书记呀，今朝这么早?”“乡里不是有句话，早起三朝顶一工吗？我学学你们。”(周立波《林冀生》)

提示：此谚也说“三个五更抵一工”“三早当一工”“早起三更顶一工”。

【早起三桩，晚起三慌】

三桩：泛指许多事情。慌：慌张。早起床，做起事来从从容容；晚起床，做起事来慌慌张张。指清晨要早点起床，做事才能更从容、更周详。

{例} 外婆笑我：“早起三桩，晚起三慌。”当时是不听的，待起来后果然慌慌张张，馒头攥在手心，心里背着单词，急急忙忙往学校跑。（月方《外婆哲语》）

提示：此谚也说“早起三光，晚起三慌”。

【只要先上船，自然先到岸】

只要提早登上船只，自然能提前到达岸边。比喻只要把握机遇，提早学习或工作，就能尽早实现理想。

{例} 至于此以后的富贵利达，虽说有命存焉，难以预定，只要先上船，自然先到岸。（《儿女英雄传》三〇回）

【自作穷，朝朝睡到日头红】

作（zuō）：方言，折腾、自找的意思。指日子穷是自找的，如果继续贪睡不勤劳，日子会越过越穷。

{例} 家有一心，堆积黄金；家有二心，无钱买针。自作穷，朝朝睡到日头红。（清·石天基《传家宝》卷七）

三、读书写作

【白能丝，可读诗】

白：理解，明白。能将乱丝理顺的人，方可读诗。指只有静下心，才能读懂诗。

{例}《物理论》：里语“白能丝，可读诗”。（唐·欧阳询等《艺文类聚》卷五五）

提示：此谚也说“能理乱丝，乃可读诗”。

【白头花钿满面，不若徐妃半妆】

白头：指老年人。花钿：古代妇女的首饰，也称花钗。徐妃：南朝梁元帝萧绎的妃子，貌美，后泛指风韵犹存的中年妇女。也称“徐娘”。半妆：化了一半的妆。年老的妇女，头上戴了再多的花钿，也不如徐妃稍微装扮一下漂亮。比喻文章只讲究辞藻华丽，不如语言平实、言之有物受人重视。

{例}乾符中，蒋凝应宏辞，为赋止及四韵，遂曳白而去。试官不之信，逼请所试，凝以实告。既而比之诸公，凝有得色，试官叹息久之。顷刻之间，播于人口，或称之曰：“白头花钿满面，不若徐妃半妆。”（五代·王定保《唐摭言》卷一〇）

提示：此谚告诉我们，写作做到言之有物，才是最重要的。

【笔尖儿横扫五千人】

读书人凭借知识战胜强敌。指知识的作用大。也指人文字底蕴深厚。

{例}老哥的朋友既然能有这样大手笔，一千两千，决不算什么。《西厢记》上说，笔尖儿横扫五千人，先姑且定这个数目，若是不行，我也不敢奉命。（张恨水《京尘幻影录》三回）

提示：此谚出自《西厢记》，说的是唐贞元间书生张珙，在山西普救寺邂逅已故崔相国之女莺莺，发生爱情。时河桥守将孙飞虎兵围普救寺，强索莺莺为妻，崔夫人当众许愿：有退得贼兵者以莺莺许之。张珙给好友白马将军杜确写了一封信，杜确发兵，孙飞虎五千兵马全部撤退。

【补漏趁天晴，读书趁年轻】

补漏：修补房顶的漏洞。修补漏洞要趁天气晴朗，读书学习要抓住年轻时候。指读书学习要从小抓起。错过时机就难以弥补了。

{例} 农家女教子有方：“教子从小教，治家勤俭起”“补漏趁天晴，读书趁年轻”。（乔剑鸣《喜读农谚夸农妇》）

【不读哪家书，不识哪家字】

指不学习某方面的知识，就不能掌握某方面的技艺。

{例} 有人会说你从前在山北白木店大镇上馆子里都干了，还差农村咱这个食堂！这里边有个因由，这叫不读哪家书，不识哪家字。现在兴的这号洋码字，我就不会写。（李凖《李双双小传》）

提示：此谚也说“不读哪家书，不明哪家理”。

【不读书，不识字；不识字，不明理】

指不识字读书就没有文化底蕴，没有文化底蕴就不通晓事理。

{例} 古话说：不读书，不识字；不识字，不明理。不明理又怎么能管事呢？虽说如今不讲究这些了，办公事总得会动动笔杆子才行呵！（黎汝清《海岛女民兵》八章）

【不怕学不会，只怕不肯钻】

学不会某项技能并不可怕，而不肯深入钻研就可怕了。指只要肯刻苦钻研，再难也能学会。

{例} 俗话不是说嘛：不怕学不会，只怕不肯钻。工夫到了，自然熟能生巧，巧能生妙啦。（孔厥《新儿女英雄续传》四章）

【布衣可佐王侯，秀才可任天下】

布衣：旧时称平民。王侯：天子与诸侯，泛指显贵者。出身微贱的平民百姓也可以辅佐王侯成大业，读书人也可以担当治理天下的重任。指治邦治国不能只看出身，而要看有没有实际本领。

{例} 有道是：“布衣可佐王侯，秀才可任天下。”反之，布衣、秀才而乱天下者，史不乏人，决不能小看冯云山。（顾汶光等《天国恨》一卷二二章）

【布衣暖，菜根香，诗书滋味长】

诗书：泛指书籍。棉布衣服暖和，野菜的嫩根香甜，诗书的滋味悠长。指在俭朴的生活中能够静心读好书，才是最惬意的。

{例} 这也难怪，吃腻了大鱼大肉的人们，想起“布衣暖，菜根香，诗书滋味长”这样的话，会有非常直观的感受。他们可能突然觉得，“布衣”和“菜根”是最主流的食品，“诗书”是最时尚的情结。（臧风宇《人生三篇：做人·做事·做领导》）

【长衫有人穿，长话无人听】

长衫：旧指男子穿的大褂。指讲话、写文章要简单明了，不要冗长啰唆，惹人厌烦。

{例} 有些士兵边走边议论：“李团长就是干脆！”“他懂得人心！”“有话则长，无话则短嘛！”“长衫有人穿，长话无人听！”（丘峰等《空降团的女翻译》）

提示：此谚是由两个部分组成的偏义谚语，表义重点是后一部分“长话无人听”，前一部分“长衫有人穿”起对称作用。

【尺牍书疏，千里面目】

尺牍：指书信。书疏：奏疏。指远在千里的人看到书信、奏疏，如同见了本人一样。

{例} 真草书迹，微须留意。江南谚云：尺牍书疏，千里面目也。（北齐·颜之推《颜氏家训·杂艺篇》）

【处处留心皆学问】

指关心、关注周围的事物，不论在什么地方都能学到知识。

{例} 我努力做到“处处留心皆学问”，每到一个外景地，绝不放过一次参观游览的机会。（宝珣《演员的学习与培养》）

提示：此谚也说“到处留心皆学问”“留心处处皆学问”。

【读书不离案头，种田不离田头】

案头：书案，书桌。读书人要常在书桌前学习，庄稼人要常在田里劳动。泛指无论做什么都要勤下功夫。

{例} 读书不离案头，种田不离田头。我小人是大泽坡人家一个管田头的田夫便是。我想一般筋骨，贵贱不同，出乎无奈，每日做生活，做得心慵意懒。今日我家主不在家，不免到阴陵庄上闲耍一会。（明·沈采《千金记》四出）

提示：此谚也说“耕田不离田头”“驾船不离码头，种田不离田头”“书生不离学房”“种田弗离田头，读书弗离案头”。

【读书要三到：口到、眼到、心到】

指读书时不仅要眼睛看书，还要口里朗读，更要精神高度集中，心领神会，这样才有学习效果。

{例} “读书三到：口到、眼到、心到。”三到之中，心到最急。（清·胡祖德《沪谚》卷下）

【耳听千遍，不如手过一遍】

听别人讲授的次数再多，也不如自己亲手做一遍体会深刻。指亲身实践比光听别人传授效果好得多。

{例} 耳听千遍，不如手过一遍是也。见诸文字的东西更有益于让人去咀嚼体味，让人想得更深更广。（荐志刚《班主任工作不同阶段的认识特点》）

提示：此谚也说“耳闻不如目睹，目睹不如身受”。

【好记性不如烂笔头】

指记忆力再好，也有忘记的时候，不如用笔记录下来可靠。

{例} 人们常说“好记性不如烂笔头”，是很有道理的，多写多练，夯实学生的基础知识，让学生扎扎实实学好语文，这是我们每个语文老师的责任。（张春华《语文作业的科学设计》）

提示：此谚也说“好记心弗如烂笔头”“好记性不如勤笔头”“心记不如墨记”等。此谚劝人学习时要勤动笔。

【好书不厌百回读】

指反复阅读经典书籍，每次阅读都会有新的理解和感受。

{例} 古人说：“好书不厌百回读。”三国时的学者董遇此谚也说：“书读百遍，其义自见。”多读多复习，就能加深对书中内容的理解，巩固已取得的成效。（肖雯等《读书方法简介》）

提示：此谚也说“好诗不厌百回读”“好书不厌千遍读”。

【合掌文章不好作】

合掌：两手相合，形容手中无物。没有丰富的素材，写不出优秀的文章。转指没有实力，做不成大事。

{例} 诸葛亮对着刘备耳朵：“烧啊！”“啊咦喂，军师，合掌文章不好作啊！”（康重华等《火烧新野》三）

【花香蜂自来，题好文一半】

鲜花只要清香，蜜蜂自然会

飞来采蜜；拟一个好的标题，就成就了一篇好文章的一半。指写文章拟一个好标题非常重要。

{例} 俗话说："花香蜂自来，题好文一半。"也就是说，一篇好的文章需要有一个好的标题，一个好的标题可成就一篇好的文章。（马海燕《给文章一双靓丽的眼睛》）

提示：此谚的核心常在后一部分，前一部分"花香蜂自来"起比喻、陪衬作用。此谚也说"花香蝶自来，题好一半文""题者额也，目者眼也""秧好一半谷，题好一半文"。

【皇天不负读书人】

皇天：苍天。旧时认为苍天是主宰人生的神。负：辜负。老天爷不会亏负读书人。旧指只要苦读诗书，终有发达的一天。

{例} 常言道："皇天不负读书人。"天哪，我朱买臣这苦也受的够了也。（元·无名氏《渔樵记》一折）

提示：此谚中"皇天"时常与"后土"连用，合称天地。

【活到老，学到老】

指学无止境，无论何时何地，年龄大小，都要不断学习。

{例} 常言道："充电没有放电快""活到老，学到老"。在知识爆炸的时代，知识和技术更新的速度越来越快，每个人都会面临落伍的危险。（周成平《魅力教师的修炼——100个优秀教师魅力修炼心得》）

提示：此谚也说"活到老，学到老，还有三件没学到""活到老，学到老，九十九岁学个巧""做到老，学到老""活到老，学不了"等。

【家有敝帚，享之千金】

敝帚：破笤帚。享：供奉。自己家里有一把破扫帚，也自认为是千金之宝。比喻文人极为珍视自己的作品。

{例} 文人相轻，自古而然。……夫人善于自见，而文非一体，鲜能备善，是以各以所长，相轻所短。里语曰："家有敝帚，享之千金"，斯不自见之患也。（三国魏·曹丕《典论·论文》）

【见不尽者，天下之事；读不尽者，天下之书；参不尽者，天下之理】

参：参悟，领会。指对社会时

事的观察、对经典书籍的阅读以及对事物规律的参悟是没有尽头的。

{例} 则那聪明二字，求之不得，如何说聪明不可用尽？见不尽者，天下之事；读不尽者，天下之书；参不尽者，天下之理。宁可懵懂而聪明，不可聪明而懵懂。（《警世通言》卷三）

【进士不读书，十年如白丁】

进士：古代科举制度称殿试及第的人。白丁：旧指没有功名的人，现泛指没有学问的人。即便考取了进士，多年不读书学习，也会变成没学问的人。指读书要持之以恒，否则不进则退。

{例} 别看这些人都是科甲出身，常言“进士不读书，十年如白丁”，硬掐头皮叫作诗，这一群老荒疏如何作的上来。（《新新外史》九二回）

【酒多人醉，书多人贤】

饮酒过量，就会神志不清；多读书，勤学习，才会德才兼备。告诫人们勤读书，少饮酒。

{例} 俗话说：“酒多人醉，书多人贤。”你们不能这样荒废时光。（王枫《书多人贤》）

【君相的斧钺，威行百年；文人的笔墨，威行千年】

斧钺(yuè)：古代的两种兵器，比喻权势。指文人文章的影响力远比君相的权势更长久。

{例} 他的权势大着哩！你不知道，君相的斧钺，威行百年；文人的笔墨，威行千年。我们的是非生死，将来全靠这班人的笔头上定的。（《孽海花》一九回）

【看了诗经会说话，看了易经会算卦】

诗经：《诗经》，中国第一部诗歌总集，内容丰富，语言优美。易经：指《周易》，可以用来占卦。读了《诗经》可以提高人的表达能力；读了《周易》可以学会算卦，占卜吉凶。泛指多读书能够提高能力。

{例} 在郭伯勋看来，古人关于《周易》二字的训诂，即认为“周”者是周代、“易”者是占巫之名的说法，纯属胡诌。中国虽有“看了诗经会说话，看了易经会算卦”的俗语，但周易绝非仅仅算卦占卜的书。（尹高朝《毛泽东的老师们》二章）

【孔夫子不赖学】

孔夫子：春秋时代的思想家、教育家，儒家学派创始人孔丘的尊称。赖：通“懒”，懈怠。指孔夫子虽然有高深的学问，但仍勤奋地学习。

｛例｝此谚说有四条。或曰“圣人天行至健，一无间断，大贤以下不能及也，惟夫子方是不赖学”。或曰“圣无不通，尚不赖学，何况常人而可怠忽乎哉”。或曰“夫子虽圣人，亦有所不知，有所不能，故须不赖学”。或曰“赖、借。而夫子生而知，安而行，故无借于学”。（清·王有光《吴下谚联》卷一）

【马不受训不拉套，人不学习觉悟低】

马不经受训练不会上套拉车；人不经过学习，认识水平、理解能力就不能提高。指人要不断学习，否则会被社会淘汰。

｛例｝唉，真是马不受训不拉套，人不学习觉悟低，同贫下中牧就落下了距离。（许特生《边塞风啸》五章二一）

【莫嫌知事少，只欠读书多】

不要抱怨自己知道的事情太少，原因是书读得不够多。指多读书才能通晓事理。

｛例｝天师道：“……我这个都是埋葬圣僧之法，载在典籍，你们莫嫌知事少，只欠读书多。”（《三宝太监西洋记》一四回）

提示：此谚告诉我们，读书能开阔视野，丰富阅历，益于人生。

【贫者因读书而富，富者因读书而贵】

贫穷的人通过读书能富有，富有的人通过读书能显贵。指知识可以改变人的境况，提高人的层次和品味。

｛例｝目前广州流行这样一句话：“贫者因读书而富，富者因读书而贵。”物质钱财的富有并不能带动精神生活的充实，现代商战愈来愈需要渊博精深的知识去发展自身，适应社会。（兴云《都市新排档》）

【平时不肯学，用时悔不迭】

不迭（dié）：来不及。平常时候不好好学习，到用的时候悔恨就来不及了。指书到用时方恨少，一定要注重平时的学习积累。

｛例｝那个时候贪玩，把父亲的话当作耳旁风，后来才深深体

会到："平时不肯学，用时悔不迭。"如果时光能倒流，我一定从头学起。（赵佳兴《清明的祭奠》）

【千年纸墨会说话】

纸墨：一般指字据、契约等，也泛指文字诗书等。指字据、契约等文字材料是有力的证据，即使年代久远也还是有效的。

｛例｝空口无凭，有字据为证，你不识字，千年纸墨会说话，还可以请旁人给念念听听。（刘江《太行风云》一八）

提示：此谚也说"千年文约会说话""千年字据会说话""千年的字纸会说话"。

【穷不离猪，富不离书】

指穷的时候为摆脱贫困要辛苦劳作，养猪脱贫；解决温饱问题以后为提高修养离不了读书。

｛例｝又去买书？唉，"穷不离猪，富不离书"，我们才刚扒起一点儿家呢，哪里就养出个富家女儿来了。（熊正良《霜月》二）

【人如其文，文如其人】

指人的性情、气度可以从文章的风格中显现出来。

｛例｝俗语说："人如其文，文如其人。"要做文章先做人。人有精气神三宝，而"文以气为主"。（英子《"汝果欲学诗，功夫在诗外"——从陆游诗论看陆游的系统论思维》）

提示：此谚也说"人如其画，画如其人"。

【人生识字忧患始】

忧患：忧虑祸患。人是从识字开始忧虑祸患的。指人识字学习以后，增长了见识，就对身边的事物多了一些思考，也就增加了一些顾虑和忧思。

｛例｝早些年租界上的公园门口，曾贴有一张华文告白，大意是：中国人与狗不准入内。那时读书的中国人看见了，真是"人生识字忧患始"，免不了感到侮辱，愤慨万分。（廖沫沙《中国人与狗》）

提示：此谚出自宋·苏轼《石苍舒醉墨堂》诗："人生识字忧患始，姓名粗记可以休。"此谚也说"人生忧患识字始"。

【人生有尽艺无尽】

指人的生命有尽头，但学习技艺永无止境。

｛例｝自然，手艺没深浅，人

生有尽艺无尽。要想技艺好，从小学到老。人到知羞处，方知艺不高。（王守仁《百艺不如一艺精》）

【汝无自誉，观汝作家书】

汝：你。你先不要自夸，看能不能把家信写好。指写信是文化人应该具备的最基本的能力，家信写得好否，能反映出人的写作能力高低。

｛例｝上书自陈，欲繁辞博称，则父子之间不文也；欲略言直说，则喜惧之心不达也。里语曰："汝无自誉，观汝作家书"，言其难也。（魏·曹丕《典论太子篇序》）

【三寸舌为安国剑，五言诗作上天梯】

三寸舌：比喻能说会辩的口才。能说会辩的人如同稳定国家的宝剑，善于作五言诗如同拥有步入上层社会的阶梯。旧指能言善辩与精通诗文是读书人求取功名的利器。

｛例｝〔带云〕常言道：三寸舌为安国剑，五言诗作上天梯。〔唱〕既有这上天梯，可怎生不着我这青霄步。（元·马致远《荐福碑》一折）

【三代不读书会变牛】

一个家庭如果几代人都不读书学习，就会变得如同牲畜一般愚昧。指读书能使人摆脱愚昧落后，一定要重视对后代的文化教育。

｛例｝少大嫂，老话说，"三代不读书会变牛"，难怪你要送交恕读书，我就是书读少了，吃亏！(李六如《六十年的变迁》一章二)

提示：此谚告诉我们，读书有助于拓宽知识面，增加人的智慧。

【三年读成举子，十年学不成诗翁】

举子：举人，明清时期，每三年在省城举行一次考试，称为乡试，考中的人称举人。花费三年时间学习能考中举人，花十年时间学习不一定能成诗人。指学习作诗要靠灵感、天赋，不是靠死学就能成功。

｛例｝兄差了。俗云三年读成举子，十年学不成诗翁。诗非锦心绣口、旷达不羁之才，不能道只字。诗正未可容易轻之也。(《终须梦》三回)

【扫地焚香，清福已具】

清福：清闲安逸的生活。每天扫地焚香之后，以读书消磨时间，就是享受清闲快乐的生活。指读书能给人带来快乐。

{例} 古人有言："扫地焚香，清福已具。"其有福者，佐以读书，其无福者，便生他想。旨哉斯言，余所深赏。（清·张英《聪训斋语》卷一）

提示：此谚告诉我们，多读书，可以在喧嚣的世界里，找到一个属于自己的寂静角落，沉下心来，思考人生，让浮躁的心灵归于纯净。

【生活是写作的源泉】

指写作前要深入生活、体验生活，挖掘出写作素材，才能写出真正的好文章。

{例} "生活是写作的源泉"是句人尽皆知的老话，我们要真正地让学生体验生活，挖掘写作素材。（林深焕《写作不能忽视生活体验》）

【诗书是觉世之师，忠孝是立身之本】

指优秀的书籍是启发人觉悟的老师；为国家尽忠、孝顺父母是做人的根本。

{例} 我如今年老也逼桑榆，端的是朽木材何足数。则理会的诗书是觉世之师，忠孝是立身之本。这钱财是倘来之物。（元·秦简夫《东堂老》三折）

【书比人长寿】

指人的生命是有限的，但优秀的书籍却能流芳百世。

{例} 陆放翁《读书》诗又有句云："古人已死书独存，吾曹赖书见古人。"这就是《史记》太史公语所说的"著书以自见于后世"，也就是现今人们常说的"书比人长寿"。（马斗全《却是文章差得力》）

【书到用时方恨少，事非经过不知难】

到实际运用知识的时候，才悔恨自己学的知识不够；事情不亲身经历，不会知道它的难处。指要多读书，多实践。

{例} 一接触社会，一参加实践，才发觉自己的不成熟，才感到自己总也长不大。一件事情好不好办，能不能办，不亲自去干不行。梨子味道好，不吃怎能解其味？书到用时方恨少，事非经过不知难。多亏了这次搬砖，让我发现了自己的不足，看到了自己努力的方向。一次小小的实践，让我明白了许多道理。（高建民《搬砖》）

提示：此谚也说“书到用时方恨少”。

【书山有路勤为径，学海无涯苦作舟】

径：路径。涯：水边。攀登书山要把勤学作为途径；横渡学海要把苦学作为舟楫。指只有勤奋读书，才能获得知识。

{例} 现在，还必须脚踏实地地用勤奋来弥补这笔和文字的不足。书山有路勤为径，学海无涯苦作舟。（峻青《雄关赋》）

【书有香，铜有臭】

指多读书人就会变得高雅，只认金钱就会使人显得低俗。

{例} 〔末〕我太尉是诗礼之家，与别人不同，只要书，不要财。〔丑〕你就说书怎么高，财怎么低。〔末〕书有香，铜有臭。二位乃人间臭物，请退请退。（明·朱鼎《玉镜台记》六出）

提示：此谚告诉我们，读书可以明理，读书可以睿智，读书可以引导人步入崇高的境界，读书可以使人言谈沉稳、举止得体。

【书中自有千钟粟，书中自有黄金屋，书中自有颜如玉】

钟：中国古代计量单位。千钟粟：官员的俸禄。指非常优厚的官俸。黄金屋：指金碧辉煌的房屋。颜如玉：美丽的女子。旧指只要专心读书，就高官厚禄，过上丰裕生活。今多鼓励孩子好好读书，将来有个好前程。

{例} 只是有本事进了学，中了举人、进士，即刻就荣宗耀祖。这就是《孝经》上所说的“显亲扬名”，才是大孝，自己也不得受苦。古语道得好：书中自有千钟粟，书中自有黄金屋，书中自有颜如玉。（《儒林外史》一五回）

提示：此谚出自宋真宗《劝学文》：“富家不用买良田，书中自有千钟粟。安居不用架高堂，书中自有黄金屋。出门莫恨无人随，书中车马多如簇。娶妻莫恨无良媒，书中有女颜如玉。”此谚也说“安居不用架高堂，书中自有黄金屋”“娶妻莫恨无良媒，书中有女颜如玉”“书中自有黄金屋，千钟粟”“书中自有千钟

粟”“书中自有千钟粟，黄金屋”等。

【熟读唐诗三百首，不会吟诗也会吟】

吟（yín）：吟咏，作诗。反复诵读大量的唐诗，原来不会作诗的人也会作了。泛指文章读得多了，会悟出写作的方法。

｛例｝“专就唐诗中脍炙人口之作，择其尤要者，每体得数十首，共三百余首，录成一编，为家塾读本，俾童而习之，白首亦莫能废，较《千家诗》不远胜耶？谚云‘熟读唐诗三百首，不会吟诗也会吟’，请以是编验之。”（清·孙洙《〈唐诗三百首〉序》）

提示：此谚也说“好诗读下三千首，不会做来也会偷”“熟读古诗千百首，不会吟诗也会吟”“熟读唐诗三百首，不会做诗也会诌”。

【四书熟，秀才足】

四书：《论语》《孟子》《大学》和《中庸》，是儒家的主要经典。指读熟四书，就能考中秀才。

｛例｝俗语说：“四书熟，秀才足。”那些存蒙浅达固应旁参，这朱注尤宜玩味。（《绮楼重梦》一二回）

【贪多嚼不烂】

贪食多吃，消化不了。借指读书学习或工作，贪图太多而吸收不了或做不好。

｛例｝求学者切记贪多嚼不烂。初学者最易犯“大而全”和“速成”的错误，须知“罗马非一日之功所能建成”。什么都学，肯定什么都学不透，要集中精力打攻坚战。（夏冰《教学过程的心得体会——计算机应用学习之我见》）

提示：此谚也说“贪多嚼不细”。

【万般皆下品，唯有读书高】

下品：下等。旧时认为只有读书人是最高贵的，从事其他职业者都是下等人。泛指读书是最高雅的事情。

｛例｝她一向认为“万般皆下品，唯有读书高”，要是还能读书，该是多么幸福呀。（杨沫《青春之歌》一部二章）

提示：此谚有些偏颇，但能够有时间、有条件，静下心来读书，终究是一件幸福的事。

【文官把笔平天下】

文官：指军队以外的官员，同“武官”相对。旧时一般是通过科举选拔进入官场。指文官依靠文化笔墨制定治国方略，整治管理天下。

｛例｝你只说秀才无路上云霄，却不道文官把笔平天下。（元·张寿卿《红梨花》一折）

提示：此谚也说“文臣执笔安天下，武将提刀定太平”“文官把笔安天下，武将持刀定太平”。

【文品如人品】

文章的品位就像人的品位。指只有好的人品，才能写出优秀的文章。

｛例｝有言道：人有品，文有品，“文品如人品”。我说：人有品，云亦有品，云品识人品。（李连泰《云品》）

【文人笔端，辩士舌端】

指读书人精彩犀利的文章和辩士能言善辩的口才，比武士锋利的兵器更厉害。

｛例｝从前黎表兄央你代作之文，都是些赌口快的机锋、损阴德的翰墨。常言道：“陷水可脱，陷文不活。文人笔端，辩士舌端，比武士兵端更加厉害。”即君青年丧目，安知非文字造孽所致！（《八洞天》卷三）

【文似看山不喜平】

读文章犹如欣赏山上的风景，喜欢有变化的。指写文章要生动活泼，一波三折，才能打动人。

｛例｝行文气势。有的文章谈起来清清利利，有的排山倒海。戏，也要讲戏气。音乐上四十八梆的跌断桥，文章也有突如其来的转折。“文似看山不喜平。”（赵树理《运用传统形式写现代戏的几点体会》）

提示：此谚出自清·袁枚《随园诗话》：“文似看山不喜平。若如井田方石，有何可观？惟壑谷幽深，峰峦起伏，乃令游者赏心悦目。”此谚也说“人贵直，文贵曲”。

【文无第一，武无第二】

指文章写得特别优秀的人，也不敢说自己的文章是天下第一；而武艺略强的人，好勇斗狠，总是不肯说自己比别人差。指读书人多谦虚忍让。

｛例｝俗话说得好：“文无第一，武无第二。”凡是文人，从无

一个自以为文章学问天下第一，但学武之士，除了修养特深的高手之外，决计不肯甘居人后。(金庸《飞狐外传》一七章)

【文选烂，秀才半】

文选：《昭明文选》，诗赋总集名，南朝梁武帝的太子萧统组织文人共同编选，简称《文选》。指只要把《文选》读得烂熟于心，考取秀才就成功了一半。

{例} 阅读是我们学习写作理论，学习写作方法和技巧的重要方面。我国古代有“文选烂，秀才半”“能读千赋则善赋”之说，形象地道出了古人学习写作的经验。(梁国藩等《领导语言艺术实用全书》下篇二章)

提示：萧统死后谥“昭明”，因此他主持编选的这部文选就被称为《昭明文选》。在唐代，《昭明文选》被奉为科考教科书，唐人经常化用《文选》中的辞藻、丽句、典实等来组织文章。此谚也说“文选熟，秀才半”“文选熟，秀才绿”。

【文章不厌千遍改】

不厌：不满足。写文章要不满足于千百遍地修改。指文章经过反复修改后才能文质兼美。

{例} “文章不厌千遍改。”每改一次，都是一次自审，都会有所提高，有所突破，不仅在作品，而且在能力。这好像纯粹是一个技术上的问题，且属老生常谈，但却是千古不易的至理，真正做到，并不容易。(何西来《〈红颜三重奏〉序》)

提示：此谚也说“文章不厌百回改”。

【文章好立身】

指具有写出好文章的本领，就能够在社会上安身立命。

{例} 哥哥说的是。自古道“文章好立身”，着我做官人。有人来告状，则要烂精银。(元·宫大用《范张鸡黍》卷一)

【文章是案头之山水，山水是地上之文章】

案头：书桌。文章是书桌上的锦绣河山，山水风光是大地上的文章。指文人笔墨能够把自然界的好山好水和文人的好诗好文融为一体。

{例} “文章是案头之山水，山水是地上之文章。”读古代游记，尤能体会这话的妙处。(山

海夫《山水美文——读古代游记》）

【文章有价，名下无虚】

指文章写得极好，非常有价值，确实名不虚传。

{例} 又讲到今科本县所中的几位新孝廉，一个个都是揣摩功深，未曾出榜之前，早觉他们是一定要发达的，果然不出所料，足见文章有价，名下无虚。（《官场现形记》一回）

【文章最忌随人后】

写文章最忌讳的是没有独立见解，盲目跟从。指写作要有创新。

{例} 咱们中国古人早就说过："文章最忌随人后。"而老百姓的说法是："好话说三遍，聋子也心烦。"（郑超群《说话的艺术》三）

【文字看三遍，疵累便百出】

疵累：文字繁复、不简洁的毛病。指反复审查阅读一篇文章，会发现漏洞百出。

{例} 俗语说得好："文字看三遍，疵累便百出。"当时他老人家竟越看越不得意起来，赌气子搁在一旁。（赵焕亭《奇侠精忠全传》一九〇回）

【秀才不出门，能知天下事】

秀才：泛指读书人。旧指读书人知识渊博，不出门便能知晓天下事。

{例} 谚有："秀才不出门，能知天下事。"秀才以天下为己任，自应日新其德，知能并进。（清·王有光《吴下谚联》卷二）

提示：此谚也说"秀才不出门，便知天下闻""秀才不出门，而知天下事""秀才不出门，全知天下事"。此谚告诉我们，读书不仅可以增长知识，还可以增加见识。

【秀才靠笔杆，当兵的靠枪杆】

指读书人用笔杆子作为安身立命的资本，军人则是靠用枪杆子打仗建功立业。

{例} 我早就讲过："秀才靠笔杆，当兵的靠枪杆。"照现在这个劲儿，别说收复龙岗，弄不好，连金牛山也得丢掉。（张恩忠《龙岗战火》一一）

【秀才人情纸半张】

秀才：明清两代生员的通称，后泛指读书人。指读书人之间的人情来往，往往只用诗文、书画之类表达。

{例} 俗话说："秀才人情纸半张。"意曰：学界朋友间的交往，多以诗、书、画相赠，以此为尊，以此为敬。（许一友《请君读此书，圆君一个梦》）

提示：此谚也说"秀才人情一张纸"。此谚说明读书人喜以诗、书、画相赠，做一些风雅的事。

【秀才谈书，屠夫说猪】

秀才：明清两代生员的通称，后泛指读书人。读书人聚在一起谈论的多是读书的事，屠夫们聚在一起谈论的多是猪的事。指干哪一行的，心里想的、嘴里说的常是哪一行的事。

{例} 秀才谈书，屠夫说猪。军人要谈打仗的事情嘛！（李晓明等《风扫残云》一一）

【学到老不会到老】

世界上的知识无边无涯，活到老学到老，还有许多知识没能掌握。指学无止境，不能骄傲。

{例} 何太监道："大人好道。常言学到老不会到老，天下事如牛毛，孔夫子也识得一腿。恐有不知到处，大人好歹说与他。"（《金瓶梅》七〇回）

提示：此谚也说"学到老，学不了"。

【学如逆水行舟，不进则退】

逆水：与水流相反的方向。比喻学习就像逆水行船，不进步，就会退步。

{例} "歇两天吧！"她的眼睛闪闪亮，"你考第一名，等一等跟得上趟的"。"学如逆水行舟，不进则退。"我从她的胳膊下钻过去，一溜烟跑了。（刘绍棠《京门脸子》一章七）

【学识何如观点书】

何如：怎么样，用于询问。点书：古书没有标点符号，需读者断句圈点。指看一个人圈点书籍的能力就能了解这个人的学识。

{例} 稷下有谚曰："学识何如观点书。"书之难，不唯句度义理，兼在知字之正音、借音。（唐·李济翁《资暇集》卷上）

【学书者纸费，学医者人费】

学习书法的人要用掉大量纸张，学习医术的人则不免要以人的身体来试验，有可能造成病人不愈。指不论想学什么，都要付出代价。

{例} 毗陵人张君希元，家世好书，所蓄古今人遗迹至多，尽刻诸石，筑室而藏之，属余为记。余蜀人也，蜀之谚曰："学书者纸费，学医者人费。"此言虽小，可以喻大。（宋·苏轼《东坡集·黯宝堂记》）

【学问勤乃有，不勤腹空虚】

系统的知识是靠勤奋学习才拥有的，不勤奋苦读只会腹中空空。指要学到真本事必须勤奋苦读。

{例} 师兄道得有理，古云："学问勤乃有，不勤腹空虚。"（明·郑之珍《目莲救母·师友讲道》）

【学问无大小，能者为尊】

指不管年龄大小，学识高、能力强就应受到尊重。

{例} 小弟在两位才女面前，不但毫不委屈，而是心悦诚服。俗话说的："学问无大小，能者为尊。"（《镜花缘》一四回）

【学问学问，学学问问】

指学习知识，要不耻下问，不懂就问才能学有所成。

{例} 学问学问，学学问问。只有敏而好学，不耻下问，才能学有所得，不断提高。（西农《求知十大要领》）

【学无境，艺无涯】

学习没有止境，艺术没有尽头。泛指知识没有边际，告诫人学习不能自满。

{例} 恢复高考后，我虽然考入太原师专上了两年大专，但深感"学无境，艺无涯"，学习无论对工作还是人的一生都非常重要。（任兰珍《走进直播室》）

【学无老少，达者为先】

达：通晓，洞达。指在学问上不分年老年少，谁通晓得多，谁就位居前茅。也指有无学问，不在年高年少，谁学问大就举谁为尊。

{例} 真是"学无老少，达者为先"。二人到了三场，场中做的文字，犹如万选青钱，无人不赏。及发榜之期，燕白颔高高中第一名解元，平如衡中了第六名亚魁。（《平山冷燕》一九回）

提示：此谚也说"学无前后，达者为先""学问无大小，能者为尊"。

【学者如牛毛，成者如麟角】

牛毛：形容众多；麟角：麒麟头上的角，形容稀少。做学问的人很多，学有所成的人却极少。指浅学易，精学难。

{例} 及明皇御历，文雅大盛，学者如牛毛，成者如麟角。孔子曰"才难，不其然也"？（《北史·文苑传序》）// 谚曰："学者如牛毛，成者如麟角。"言其少也。（唐·马总《意林·蒋子》）

提示：此谚出自晋·葛洪《抱朴子·极言》："睹财色而心不战，闻俗言而志不沮者，万夫之中，有一人为多矣。故为者如牛毛，获者如麟角。"此谚也说"学若牛毛，得如麟角""学者牛毛，成者麟角"。

【言为心声，文贵真情】

言：语言。语言是人们思想情感的反映，文章最可贵的是抒发真情实感。指写文章最重要的是抒发真情实感。

{例} 俗话说："言为心声，文贵真情。"真情实感从何而来？真情实感从生活中来。因此，关注生活是写实感、抒真情的基础，也是写作的基础。（汪琳《怎样引导学生写出真情实感》）

【眼见千遍，不如手过一遍】

看得次数再多，也不如亲手做一遍印象深刻。指亲身实践才能做好事情。

{例} 我见是见的不少，可眼见千遍，不如手过一遍。（刘波泳《秦川儿女》一四章）

提示：此谚也说"眼过百遍，不如手过一遍""眼过千遍，不如手过一遍"。

【养儿不读书，只当喂个猪】

指养育子女而不教导他们读书，他们会变得愚昧无知。

{例} 陶员外虽说自己认不得几个"狗脚迹"，还是明白"养儿不读书，只当喂个猪"的道理。因此，不惜花费金钱，雇了个老先生来家，专门教三个儿子读书。（王如阳《陶三考状元》）

提示：此谚也说"养儿不读书，只像养头猪""养子不读书，不如养头猪"等。此谚用比喻的手法强调了养育子女一定要让他多读书、多学习。

【养心莫如静心，静心莫如读书】

指读书是修身养性的最好

途径。

{例} "养心莫如静心，静心莫如读书。"在匆忙又静不下心时，在不多的有闲时间里，书给了我们许多精神帮助。（原振华《沐浴书香》）

提示：此谚告诉我们，读书能够荡涤浮躁的尘埃污秽，过滤出沁人心脾的清新之气，甚至还可以营造出一种超凡脱俗的娴静氛围。

【要得出人头，除非书中求】

要想超出一般人，只有好好读书。指必须努力学习，做到有文化有教养，才能获得成功。

{例} 古人良言：要得出人头，除非书中求。像我陶文彬，要不是博览经史，文字渊博，那个把我被难觅食之人，请到书房，如此奉承不暇？（《十把穿金扇》七回）

【要得文章深，放在嘴里哼】

要想写出含义深远、内容渊博、文辞美妙的文章，就得反复吟诵不断推敲。指要写出文质兼美的好文章要反复吟诵与推敲。

{例} 那对上七个字，"洪泽湖片片是水"，谁知他们表兄弟两个对不出来，只得在花园内一遍一句念。古人要得文章深，放在嘴里哼。哼了半会儿只有上联，没有下对。（《十把穿金扇》七回）

【要想富，学技术】

要想富裕，就要学习文化知识、科学技术。

{例} 随着科学技术在农村的推广应用，"庄稼一枝花，科学是当家""要想富，学技术""家有新瓦房，不如进学堂"等新谚语广为流传，农民的观念发生了很大变化，进大中专院校学习成为他们的追求。（陨砦《农村大众》）

【要知天下事，须读古人书】

指多读古人的书，才能通晓天下事理。

{例} 随你不和顺的弟兄，听着在下讲这节故事，都要学好起来。正是：要知天下事，须读古人书。（《醒世恒言》卷二）

【一命二运三风水，四积阴功五读书】

风水：指住宅、坟地等周围的地脉、水流、山脉等地理形势。民间认为风水的好坏可以影响人的吉凶。阴功：迷信认为人活着时所做的好事，可以在阴间记功。旧指一个人能否出将入相，除了取决于命运和风水外，还要靠积德行善与勤奋苦读。

{例} 岂不闻俗语云："一命二运三风水。"果然命运风水一时凑合到一处，便是个披甲出身的，往往也会曾不数年出将入相，何况安公子又是正途出身，他还多着两层"四积阴功五读书"呢？（《儿女英雄传》三八回）

提示：此谚也说"一福二运三风水，四积阴功五读书"。

【一支笔管千斤重】

指重要文章里的每个字每句话都事关重大，下笔要慎重。

{例} 《唐书·陆余庆传》：善论事而短于判，人嘲之曰："说事则喙长三尺，判字则手重五斤。"按俗有"一支笔管千斤重"之语，本此。（清·翟灏《通俗编》卷七"文学"）

【一字值千金】

好文章的一个字就价值千金。泛指有分量的文字价值千金。

{例} 壶山好博古，又通今。结屋三间藏万卷，挥毫一字值千金，四海有知音。（宋·戴复古《望江南·壶山宋谦父寄新刊雅词》）

提示：此谚出自《史记·吕不韦列传》：秦相吕不韦让门客写成《吕氏春秋》，公布于咸阳城门，声明有能增删一字者，赏金千两。此谚也说"一字直千金"。

【有书真富贵，无官小神仙】

指有了好的书籍能充实人们的精神世界，是真正的富有和高贵；没有官职的人逍遥自在，过的是神仙一样日子。

{例} 他还有句格言是：有书真富贵，无官小神仙。从这些言语中不难看出醇亲王的一生是小心谨慎的一生。（崔墨卿《漫话七王坟》）

【有田不耕仓廪虚，有书不读子孙愚】

仓廪（lǐn）：粮库。有了好书不阅读，儿孙就会愚蠢，如同有了田地不耕种，粮库就会空虚一样。指要想后代优秀，就必须教育他们多读书。

{例} 而相对于读书来说，财富是不很靠得住的，例如："积金千两，不如多买经书。""有田不耕仓廪虚，有书不读子孙愚。"

(何怀宏《"选举社会"的概念》)

【欲高门第须为善，要好儿孙在读书】

门第：家庭的社会地位。想提高家庭在社会上的地位，就要多做善事；希望子孙成才，就要教导他们好好读书。指行善和学习是家业兴旺、儿孙有成的最重要的途径。

{例} 员外上前扯住道："这是我两个小儿，唤名寇梁、寇栋，在书房里读书方回，来吃午饭。知老师下降，故来拜也。"三藏喜道："贤哉！贤哉！正是：欲高门第须为善，要好儿孙在读书。"(《西游记》九六回)

提示：此谚也说"欲高门第须为善""欲高门第须为善，要好儿孙必读书"。

【之乎也者矣焉哉，用得成章好秀才】

秀才：明清时指府、州、县学的生员。旧指写文章把之、乎、也、者、矣、焉、哉等都使用好了，就能称得上是一个好秀才。

{例} 时谚云："之乎也者矣焉哉，用得成章好秀才。"后之文人则往往用之叶韵矣。(明·田艺蘅《留青日札》卷一)

提示：此谚中"之、乎、也、者、矣、焉、哉"是在古文中使用频率高的虚字，一般不易掌握。

【只因酒色忘家国，岂见诗书误好人】

忘：亡。时常见到因为嗜酒贪色而亡家败国的，哪里看见过读圣贤诗书耽误人的事情。告诫人多读诗书有益，贪恋酒色有害。

{例} 不是武松见了这个人，有分教：阳谷县里，尸横血染。直教钢刀响处人头滚，宝剑挥时热血流。正是：只因酒色忘家国，岂见诗书误好人。(《水浒传》二三回)

提示：此谚也说"时因酒色亡家国，几见诗书误好人""只因酒色亡家国，岂见诗书误好人""只因酒色亡家国，几见诗书误好人"。

【知识就是力量】

指知识非常宝贵，它对战胜困难、争取胜利起决定作用。

{例} 随着市场经济竞争的白热化，"知识就是力量"已深入人心，但相当一部分家长对"知识"的理解是偏颇的，一味地要

求孩子学好文本知识，至于对他们各种语文能力的培养却重视不够。（陈幼真《学生语文能力的培养途径》）

【织衣织裤，贵在开头；编筐编篓，重在收口】

编织衣裤起头很重要，编筐编篓难在收口。比喻写好文章重要的是开头能引人入胜，结尾能耐人寻味。

{例} 俗话说：“织衣织裤，贵在开头；编筐编篓，重在收口。”一篇好文章，除了有引人入胜的开头，还应该有耐人寻味的结尾。（杨忠裕《写好文章的结尾》）

提示：此谚也说“织衣织裤，贵在开头”“织衣织裤，重在开头；编筐编篓，难在收口”。

【走不完的路，读不完的书，知不尽的理】

读书学习没有止境，理解道理没有穷尽，就如同路不会走到尽头一样。指学习知识、理解道理无止境。

{例} 当我在学习上取得一点点成绩、沾沾自喜地告诉母亲时，她提醒我：“天不言自高，地不言自厚。走不完的路，读不完的书，知不尽的理。”（朱同林《母亲的话语》）

【作文先要做人】

指写好文章的前提是做个正直的人。

{例} 人们常说，“文如其人”“风格出自人格”“作文先要做人”。这说明作者主体的思想品格，是文章的基础，决定和制约着文章的质量。（梁国藩等《领导语言艺术实用全书》下篇二章）

四、反思纠错

【败子回头便作家】

作家：治家，当家。指不干正经事的人改邪归正后，也有能力管好家。

{例} 古语有云："败子回头便作家。"他若能一旦醒悟，将此聪明乖巧用在正经上，则做生意的，自然蓄积如山；读书的，自然中举中进士了。(《风流悟》五回)

提示：此谚也说"败子回头好作家"

【败子若收心，犹如鬼变人】

收心：把放纵散漫的心思或做坏事的念头收起来。指不务正业、挥霍财产的人如果改邪归正，如同鬼变成人一样脱胎换骨。

{例} 一席话说得李侠低头不语。半晌说："爹，你放心！俗话说：'败子若收心，犹如鬼变人。'又说：'浪子回头金不换。'我依你的话就是！"(严霞峰《况公案》二一回)

提示：此谚也说"败子收心鬼变人"。

【不怕错，就怕拖】

指偶然犯错不要紧，及时改正就好；拖着不纠正，问题就严重了。

{例} 一旦骑上"瘟马"，也要有认错的勇气，果断止损出局，盘活资金再战为上策。"不怕错，就怕拖。"这样足可以保证我们天天能充满活力，与庄家主力玩"猫和老鼠"的游戏。(刘长宇《股市战术四招》)

【不怕念起，只怕觉迟】

不害怕产生邪恶的念头，只害怕醒悟得太迟。指产生邪念后要赶快觉醒，以免酿成大错。

{例} 古人说的好："不怕念起，只怕觉迟。"小姐你觉得念多，便可随时止灭，往后便渐渐少了。(《续红楼梦稿》四回)

【不怕有错，就怕不认错】

指犯错误没有关系，而认识不到错误，继续坚持错误，才是最严重的。

{例} 好好学习吧，到了时候

了！有错误认真检讨，惩前毖后，治病救人嘛。不怕有错，就怕不认错。（梁斌《翻身记事》二一）

【不听老人言，吃亏在眼前】

指不听老年人的教导，很快就会在某方面遭受损失和打击。

{例}“你是不是受了阴风中邪？”秀子拍牛蒡的脸腮，掐牛蒡的人中，又揉牛蒡的胸口，“我早就劝你别住坟地，不听老人言，吃亏在眼前了吧？”（刘绍棠《荆钗》二四）

提示：此谚也说“不听老人言，必有恓惶泪”“不听老人言，祸事在眼前”“不信好人言，必有恓惶事”。

【不经一事，不长一智】

不亲身经历一件事，就不能增长这方面的知识。指亲身经历一些事情和磨难，能增长才智。

{例}小蹄子，你走罢，俗语道：“不经一事，不长一智。”我如今知道了，你又该来支问着我了。（《红楼梦》六〇回）

提示：此谚也说“不经一堑，不长一智”“不因一事，不长一智”“吃一堑，长一智”“经一失，长一智”“遭一蹶者得一便”。

【诚无垢，思无辱】

垢（gòu）：污秽，这里指诟病、指责。诚实就不会蒙受指责，深思熟虑就不会受到侮辱。指做事既要诚实又要深思熟虑。

{例}存亡祸福，其要在身，圣人重诚，敬慎所忽。《中庸》曰：莫见乎隐，莫显乎微，故君子能慎其独也。谚曰：“诚无垢，思无辱。”夫不诚不思，而以存身全国者，亦难矣。（汉·刘向《说苑·敬慎》）

【吃一番苦，学一回乖】

经受过一次挫折，就能接受一次教训。指经历了挫折才能提高警觉吸取教训。

{例}今天为救一个鸣蝉，就跌得这般模样，岂不是自讨苦吃么？俗语说得好，叫作“吃一番苦，学一回乖”。今天，你既然吃了这么一个大苦，往后去总该牢记，不要再任性地胡闹了。（《观音菩萨传奇》五回）

提示：此谚也说“吃了一次亏，学了一次乖”“吃一次苦学一次乖”“吃一次亏学一次乖”“吃一回亏，学一回乖”“吃一亏，学一乖”等。

【跌了跤会认路，碰了头会知物】

跌倒一次会认一段路，被撞了头会了解一件物品。比喻犯错误或受挫折后，会吸取教训，总结经验，明白事理。

{例} 聪明人“跌了跤会认路，碰了头会知物”。到了这个地步，你们怎么收拾？（林文烈《归侨儿女》）

提示：此谚也说“跌个跟头学个乖”。

【恶不可积，过不可长】

指坏人坏事要随时清除，否则会越来越多，不可收拾；有了过错要及时改正，不能放任不管，否则会导致更严重的后果。

{例} 臣闻恶不可积，过不可长。积恶长过，丧乱之源也。（《三国志·吴书·潘浚陆凯传》注引《江表传》）

【发一回水，澄一次泥】

比喻发生一次事情，会取得一些经验教训。

{例} 同志们，今天的会议，对我对大家都是一堂很生动的课！发一回水，澄一次泥，经一回事，长一次智。我相信大家都会认真地去思考，并得出正确的结论。（刘彦林《春风得意》七章）

【放下屠刀，立地成佛】

屠刀：宰杀牲口的刀。这里指恶意、恶言、恶行等。放下恶念，你就是佛。是佛教语，劝人弃恶从善。也指恶人改邪归正，也会大有作为。

{例} 广额正是个杀人不眨眼底汉，放下屠刀，立地成佛。（宋·普济《五灯会元》卷一九）

提示：此谚也说“放下屠刀，立证菩提”“屠人放下刀，立便成菩萨”。

【各人害病各人吃药】

比喻自己犯了错误，必须靠自己的反省觉悟才能改正。

{例} 我还说一句：我们得他东西的人家是不少的。各人害病各人吃药，大家学学我刘木匠！（石果《白泥坝》六）

【光棍回头饿死狗】

光棍：不务正业的人。不务正业的人能改过自新，如同狗会被饿死一样难得。指犯了错误能醒悟并改正是很难得的。

{例} 光棍回头饿死狗。现在可是你立功赎罪的机会。（李英

儒《还我河山》四八章）

【过后方知前事错，老来方觉少时非】

指事情过去了，才发觉以前的事情做错了；等到年老了，才发觉年轻时的许多事都做得不对。

｛例｝智鉴云：过后方知前事错，老来方觉少时非。（《俗话倾谈》二则）

【好不了疮疤忘不了疼】

指苦难还没过去或境遇没有好转，人很难忘却痛苦。

｛例｝花藕娘一见老虎跳那脸上挂灰的神色，便猜出他没有找到香翠儿，心中暗喜，也就乐得装聋作哑，并不追问他一走七天，如何乘兴而去，败兴而归，免得引起他的伤感，给他的伤口揉一把盐，好不了疮疤忘不了疼，不能把心转到自己身上。（刘绍棠《豆棚瓜架雨如丝》一五）

【见兔而顾犬，未为晚也；亡羊而补牢，未为迟也】

亡：丢失。牢：牲口圈。发现兔子就回头找狗去追捕，并不算晚；丢失了羊之后才修补羊圈，也不算迟。比喻出现问题后，要及时纠正补救。

｛例｝庄辛对曰："臣闻鄙语曰'见兔而顾犬，未为晚也；亡羊而补牢，未为迟也'。臣闻昔汤武以百里昌，桀纣以天下亡。今楚国虽小，绝长续短，犹以数千里，岂特百里哉！"（《册府元龟》卷七四三"陪臣部"）

提示：此谚出自《战国策·楚策四》："庄辛至，襄王曰：'寡人不能用先生之言，今事至于此，为之奈何！'庄辛对曰：'臣闻鄙语曰：见兔而顾犬，未为晚也；亡羊而补牢，未为迟也。'"此谚也说"亡羊补牢，未为晚也""亡羊补牢，犹为未晚""亡羊而补牢，未为晚也；见兔而顾犬，未为迟也""亡羊而固牢不为迟，见兔而呼狗不为晚""亡羊治牢，未为晚也"。

【苦海无边，回头是岸】

原为佛家用语，比喻人生充满了苦难，只有学佛出世，方能到达幸福的彼岸。后用来比喻即便罪恶深重，只要改邪归正就会有出路。

｛例｝世俗人没来由争长竞短，你死我活，有呵吃些个，有呵穿些个，苦海无边，回头是岸。（元·无名氏《度柳翠》一折）

提示：此谚也说“苦海回头”“苦海汪洋，回首是岸”。

【浪子回头金不换】

浪子：游手好闲、不务正业的人。指不务正业的人改邪归正，非常可贵。

{例} 常言说得好，浪子回头金不换。你不要娘老子再操心，用功读书，埋头读到大学毕业，出来接手你爹的企业，照顾照顾我娘家的人，我死了也闭上眼睛了。（周而复《上海的早晨》四部二三）

提示：此谚也说“败子回头金不换”“赌仔回头金不换”“浪子回头，千金不换”。

【良药苦口利于病，忠言逆耳利于行】

好药往往味苦难吃但有利于治病，诚恳直率的劝告听起来不顺耳，但有利于为人处事。劝人要善于接受意见。

{例} 世祖过饮马湩，足疾，国祯进药，味苦却不服。国祯曰：“良药苦口利于病，忠言逆耳利于行。”（《元史·许国祯传》）

提示：此谚也说“饱食伤心，忠言逆耳”“苦药利病，苦言利行”“良药苦于口而利于病，忠言逆于耳而利于行”。“良药苦口利于病”“饱食伤心”“苦药利病”起衬托作用，强调逆耳忠言能使人反省自己的言行缺点，能督促自己保持良好的品德，能激励自己发奋上进。

【临崖勒马收缰急，船到江心补漏迟】

马临近悬崖边时才收缰绳就太晚了，船行到江中心时再补漏洞就来不及了。指要提前预防危险，不能任其发展到不可挽救的地步。

{例} 有意保大人，又想无有进身之功，只好跟下来，屡屡指告，心中说：“邓车也明白了。你怎么害申虎来着，我也怎么害你，这就叫‘临崖勒马收缰急，船到江心补漏迟’。”（《小五义》一三回）

提示：此谚也说“船到江心补漏迟”“临崖勒马收缰晚，船到江心补漏迟”“临崖勒马收缰晚，猛虎逢罗怎转身”“临崖立马收缰晚，船到江心补漏迟”“临崖失马收缰晚，船到江心补漏迟”等。

【马不失蹄，不识有地】

马不摔跤，就认识不了大地。比喻人不犯错误，就不会接受教训。

{例} 瞧，这后生就是这么说的。此言着实大出人们意料，有人自然做了种种猜测，最终他们断定："马不失蹄，不识有地。"走着瞧吧，且待这个冒失鬼撞个头破血流，晓得了天高地厚再说。(艾克邦尔·米吉提《第二十九任队长》一)

【马不知自己脸长，牛不知自己角弯】

比喻人常常看不到自己的缺点和不足。

{例} 马不知自己脸长，牛不知自己角弯。你崔大翻译还不知道自己玩了一套移祸东吴的把戏，让我替你背黑锅。(马国超等《马本斋》三〇章)

提示：此谚也说"马不嫌脸长，羊不嫌角弯""马不知脸长""驴不知自丑，猴不嫌脸瘦"。

【马上摔死英雄汉，河中淹死会水人】

坠马而死的常常是会骑马的人；善于游泳的人，一不小心也会被淹死。比喻内行有时反而会疏忽大意，酿成大祸。

{例} 不过，老兄这次败就败在有勇无谋，骄气太盛。俗话说，"马上摔死英雄汉，河中淹死会水人"，恃勇必败，骄兵必败！(罗旋《南国烽烟》一部七)

提示：此谚也说"马上摔死大胆汉，海里淹死会水人""马上摔死英雄汉，河边淹死会水人"。

【马有失蹄，人有失足】

失蹄：马在行进中腿蹄闪空而倒下。失足：行走时不小心跌倒，借指行为出错。指人无完人，难免会犯错误。

{例} 常言道"马有失蹄，人有失足"，今天，在咱们社会主义国家，人犯了错误，有党、团等各方面的关心、帮助，是能改的。(庞瑞垠《少女远行归来》一八)

提示：此谚也说"马有失蹄，人有失手""马有失蹄，人有失误""马有失蹄，人有失言"。

【慢走跌不倒，小心错不了】

走路慢一点，就不会跌跤；做事小心谨慎，就不会出错。指做事小心谨慎，可以避免犯错误。

{例} 为了这问题，杨英可伤

透了脑筋。老贺了解她，又笑着劝道："唉，慢走跌不倒，小心错不了啊。"（孔厥《新儿女英雄续传》一四章五）

提示：此谚也说"慢走跌不倒，跑跳闪折腰"。此谚语的表层义是个引子，引申义才是要强调的。

【忙中多有错】

做事匆忙慌乱，最容易发生差错。指做事要从容仔细，不可因急迫而粗疏出错。

{例} 者卿匆忙中，将所作寿词封付堂吏，谁知"忙中多有错"，一时失于点检，两幅词笺都封了去。（《醒世恒言》卷一二）

【没事常思有事】

事情没有发生前，就要经常思考有事时如何处理。指对未来将发生的事要有预见性，以防患于未然。

{例} 一家子的事，俗语说的"没事常思有事"，世上多少无头脑的事，多半因为无心中做出，有心人看见，当作有心事，反说坏了。（《红楼梦》三四回）

【弥天之罪，一悔便消】

犯了再大的罪，只要能真诚悔改，罪也可能消除。指真诚悔改，是消除罪孽的唯一途径。

{例} 他们总清楚他蚱蜢子不是那种长得有反骨的人啦！去当面说一说，把该认的罪，全部认下，或许会得到个宽大处理的。俗话说，"弥天之罪，一悔便消"嘛！（克非《山河颂》一〇）

提示：此谚也说"弥天罪恶，最难得一个'悔'字"。

【迷而知反，得道不远】

反：同"返"。迷了路知道回来，很快会找到正确的道路。指犯了错误能及时改正，距离成为一个品行高尚的人就不远了。

{例} 且琴瑟不韵，知音改弦更张；骓骖未调，善御执辔成组。谚云："迷而知反，得道不远。"此言虽小，可以喻大。（《魏书·高谦之传》）

提示：此谚出自晋·桓玄《与远法师书》："迷而知反，去道不远。可不三思？"此谚也说"惑者知返，迷道不远"。

【明镜所以照形，往古所以知今】

形：形貌。通过明亮的镜子可以看清自身，了解历史可以使人认清现实。指借鉴历史上的成败得失，经验教训，能指导今天的行为。

{例} 夫明镜所以照形也，往古所以知今也。夫知恶往古之所以危亡，而不务袭迹于其所以安昌，则未有异乎却走而求逮前人也。（汉·刘向《说苑·尊贤》）

提示：此谚出自《孔子家语·观周》：“孔子……谓从者曰：‘此周之所以盛也。夫明镜所以照形，往古所以知今。’”此谚也说“明鉴可以照形，古事可以知今”“明鉴所以照形，古事可以知今”“明镜所以照形，古事所以知今”等。

【莫说他人，先输了自己】

自身有了问题，不要责怪别人，否则，自己首先失败。指有问题或犯错误，先自我反省，不要责怪他人。

{例} 〔王枢密云〕我骂了一个老婆子，有甚的罪过？〔正旦唱〕可是你掌朝纲的王法也不识，常言道：“莫说他人，先输了自己。”（元·无名氏《谢金吾》三折）

【木鱼不敲不响，砂锅不砸不漏】

木鱼：打击乐器。不敲打木鱼，它就不会发出声响；不打破砂锅，它就不会漏水。比喻人不遭遇挫折就不会清醒。

{例} “老虎还免不了打盹儿，你就不会给鹰啄了眼？”权儿冷笑道。“木鱼不敲不响，砂锅不砸不漏！”黄狗杂儿连拍他的狗头狗脑。（刘绍棠《锅伙》四）

【哪儿跌倒，哪儿爬起来】

比喻在哪里犯了错误，就在哪里及时改正。

{例} 老工程师不禁又吃了一惊，怎么刚说得好好的立刻又变卦了？“哪儿跌倒，哪儿爬起来。我还去铸钢车间当天车工。”女儿似乎也胸有成竹。（程树榛《钢铁巨人》五章）

提示：此谚也说“哪儿跌倒就在哪儿爬起”。

【怒中出差错】

指人在生气恼怒时，往往不冷静，说话做事容易出错。

{例} 他只有一个念头：一定要把黄万金抓回来！其他的一切，就像离队抓开小差的要向连长请示等等，他连想也没想。俗话说：“怒中出差错”，赵胜儿正是如此。（肖玉《战鼓催春》一章三）

【偶然犯错叫做过，存心犯错叫作恶】

存心：故意。指偶尔做错事可以谅解，有意干坏事就不能容忍了。

{例} “偶然犯错叫做过，存心犯错叫作恶。”同样是“犯错”，但性质不一样。过错可以得到别人的原谅和宽恕，作恶则必须接受惩罚和制裁。（卞庆《前悔容易后悔难》）

提示：此谚也说“偶然犯错叫做过，有心犯错叫作恶”。

【碰惯了钉子，就学了点乖】

乖：机警。比喻人多次遭受挫折，就会聪明机警。

{例} 碰惯了钉子，就学了点乖，以后即使向他们介绍知识分子的话，也要设法把知识分子的话翻译成他们的话来说，时候久了就变成习惯。（赵树理《也算经验》）

提示：此谚也说“碰回钉子学回乖”。

【碰上暗礁要转舵，遇上暴风要收篷】

篷：船帆。航行时遇到有潜在危害的礁石，要转动船舵改变航向；遇上暴风雨赶紧收落船帆。比喻遇到困难和挫折，要灵活应变，不能呆滞死板。

{例} 我们干革命，就要认准方向，绝不能碰到南墙不回头啊。碰上暗礁要转舵，遇上暴风要收篷。蛮干瞎闯是不行的！（黎汝清《万山红遍》八章）

【棋错一步步步输】

下棋时走错了一步，以后就会非常被动，直至失败。比喻做事一时失误，就会一直错下去，无法弥补。

{例} 只怪自己估计错了，看天来互助组有困难，又一口答应请工，以为不难上钩，不料棋错一步，一步输，就步步输了。（王杏元《绿竹村风云》二）

【千差万差，旁人不差】

指差错再多，只能自我反省，不能埋怨别人。

{例} 天下人管天下事，什么多管不多管？况且千差万差，旁人不差。你们不分好歹，连旁人都得罪起来，这是什么缘故？（《九尾龟》一二二回）

【千金难买后悔药】

指不管花多少钱也买不到能

治后悔的药物。劝人做事要慎重，事后再后悔就来不及了。

{例} 请老先生再劳神去中宁一次，劝告马惇靖，马家军面前有两条路：战与和。要战，他必将全军覆灭；要和，就是北平傅作义的道路。时间不等人，他再不下决心就千金难买后悔之药了。(张俊彪《鏖兵西北》三五)

【千里马失蹄，撵不上拐骡子】

失蹄：一脚踩空，蹄子受伤。拐：瘸。千里马的蹄子受了伤，连瘸骡子也赶不上。比喻能干的人一旦做了错事，处境还不如能力不如自己的人。劝诫人小心做事，不要犯错误。

{例} 她后悔过，再后悔也明白自己是“千里马失蹄，撵不上拐骡子”啦！(郑惠泉《东邻西舍》一)

【千虑成之不足，一失坏之有余】

指反复细致地考虑也不一定能成功；一点失误就会搞糟事情，甚至会造成更大的损失。

{例} 沙贯舟同志同意我的看法，对飙字军的任何措施，都不能脱离他们的思想认识水平。一定要看准火候，决不能贸然行动。一步失败，步步失败呀！千虑成之不足，一失坏之有余。(曲波《桥隆飙》四)

【前半夜想想自己，后半夜想想别人】

指碰到事情不能只想着自己，也要替别人想想。

{例} 都道你市里头有大干部认识，所以你丈夫在牢里，人家也为你作保。这个你要领人民政府的情才是。新社会里做人，前半夜想想自己，后半夜想想别人。(王旭烽《茶人三部曲》下部一章)

提示：此谚也说“前半夜为自己想想，后半夜为人家想想”“上半夜为自己想想，下半夜为别人想想”。

【前车之鉴，后车之师】

鉴：镜子。前面的车翻了，后面的车要以此为教训。比喻前面的失败，可以作为以后的教训，避免犯同样的错误。

{例} 我还想对几十年的地下资源勘探工作做一个历史的回顾，总结出一些经验教训，给后人留下一点东西，前车之鉴，后车之师嘛。(海笑《部长们》一三章三四)

提示：此谚也说“前车覆而后车戒”“前车覆，后车鉴”“前车覆，后车诫”等。

【前悔容易后悔难】

指事情发生前后悔有办法补救，事情结束后再后悔，补救就来不及了。

{例} 看着他那沮丧的神态，不由不使人发出一声声叹惋！“前悔容易后悔难”，看看现在，又何必当初呢？（魏杰华《滥发一枪，付出一万元》）

提示：此谚也说“悔前容易悔后难”。

【前留三步好走，后留三步好行】

走路时同前后的人保持一定距离，才适合前行。比喻做事要思前想后，留有余地，考虑周全。

{例} “不，不！”宝三叔急忙摇手，“我们不要占便宜；不吃鱼，口不腥！”“对嘛！”另外几个又附和，“我们不要占便宜，前留三步好走，后留三步好行。”（孔厥《新儿女英雄续传》一四章）

【前事不戒，后事复覆】

覆(fù)：倾覆。如果不把以前犯的错作为警戒，那么后面的事有可能继续做错。告诫人要接受教训，以免再犯同样的错误。

{例} 唉，只恐世人造孽与日俱增，前事不戒，后事复覆，免不得俺阴府一番判断也。（明·一笠庵《人兽关》二九折）

【前有车，后有辙】

辙（zhé）：车轮碾过的痕迹。前边有车走过去，后边的车就能顺着辙印走。比喻前人做事，后人效仿。

{例} 万一碰上鬼子伪军跟他在一块儿，也是一样办法；反正跑不了就光荣牺牲。前有车，后有辙，双喜就是我的榜样！（孔厥等《新儿女英雄传》一三回）

提示：此谚也说“前边有车，后边有辙”“前车有辙，后车有道”。此谚告诉我们，前面有了范例、有了榜样，后面的人就能少犯错误，少走弯路。

【人不错成圣，马不错成龙】

人不犯错误就成了圣贤，马不出差错就成了蛟龙。指人难免犯错，贵在能改。

{例} 俗语：人不错成圣，马不错成龙。人要没有一点过错实在不易，关键在于及时改正。

（苑春红《柔情如水》三）

提示：此谚也说“人不错成神，马不错成龙”“人不错成仙，马不错成龙”。

【人不知己罪，牛不知力大】

人不了解自己的过错，如同牛不知道自己力气究竟有多大。指人往往认识不到自己的缺点或错误。

{例} 白眉道人道：“俗语说得好：‘人不知己罪，牛不知力大。’但你责备我任纵门徒杀害你的徒弟，你可知你徒弟无恶不作，残害百姓呢？”（《乾隆巡幸江南记》七四回）

提示：此谚也说“人不知己过，牛不知力大”“人不知自丑，马不知脸长”。

【人贵有自知之明】

指一个人最可贵的是能够了解自己的优缺点，正确地认识自己。

{例} 正确地认识自己，实在是一件不容易的事情。不然，古人怎么会有“人贵有自知之明”“好说己长便是短，自知己短便是长”之类的古训呢？（解思忠《自省意识》）

【人皆有过，改之为贵】

皆：都。指每个人都会有过错，能改正就是可贵的。

{例} 〔外〕人皆有过，改之为贵。〔生〕自今日怎敢违尊命，从今改过却。（明·徐元《八义记》六出）

提示：此谚也说“人孰无过，改之为贵”。

【人最大的敌人就是自己】

指人生中最困难的是战胜自身的缺点和不足。

{例} 常言说：“人最大的敌人就是自己。”记得在一次培训学习中，一位教授曾说过这样一句话，令我刻骨铭心。（姜丽波《运用典型引路　把“主题教育”活动向纵深推进》）

【神仙打鼓有时错，骏马也有失蹄时】

神仙击鼓也有敲错的时候；骏马也有失足跌倒的时候。比喻再聪明能干的人也可能会偶尔出错。

{例} “神仙打鼓有时错，骏马也有失蹄时。”您老人家就苟念冯老弟头一遭犯错，饶他一命吧！（陈定兴《香港之滨》一章）

【圣人也有三分错】

圣贤之人也会犯一些错误。指谁都难免会犯错，即使是圣人也不例外。

｛例｝俗话讲：“圣人也有三分错。”彩凤她知错就改，仍旧是我家的好媳妇。（刊）

【失败是成功之母】

指成功往往是在汲取失败的教训之后取得的。

｛例｝“失败是成功之母。”这句话的意思是，成功往往要经过许多挫折，只要善于从错误中吸取教训，就有可能得到成功。（刘少奇《在扩大的中央工作会议上的报告》）

提示：此谚也说“失败乃成功之母”“失败者成功之母”。

【失晨之鸡，思补更鸣】

失晨：公鸡误了啼鸣报晓。误了报晓的公鸡，很想再啼鸣一次以弥补过失。比喻犯了错误的人，很想有立功补过的机会。

｛例｝谚语云：“失晨之鸡，思补更鸣。”昔季阐在白马，有受金取婢之罪。弃而弗问，后以为济北相，以其能故。（三国魏·曹操《选举令》）

提示：此谚也说“失旦之鸡，复得一鸣”。

【事不三思，终有后悔】

三思：多次思考。遇事不反复思量而轻率行动，将来一定会后悔。指遇事要反复思考而后行，能避免犯错误。

｛例｝大王，臣王孙贾参见。〔净〕大夫少礼。唉！大夫，自古道，“事不三思，终有后悔”，我当初怪王蠋多言，如今也悔之无及了。（明·张伯起《新灌园》九折）

提示：此谚也说“事不三思，必有后悔”“事不三思终有悔，人逢得意早回头”“事不三思终有悔，人能百忍自无忧”“事要前思，免劳后悔”。

【受了卖糖公公骗，至今不信口甜人】

被卖糖人欺骗后，到现在也不相信满口甜言蜜语的人。指上当受骗后，对花言巧语的人有了警觉，不再上当。

｛例｝三家女儿知道了，多着人来问安，又各说着，要接到家里去。高愚溪立得主意定，只是不去。正是：受了卖糖公公骗，至今不信口甜人。（《二刻拍案惊

奇》卷二六）

提示：此谚也说“曾着卖糖君子哄，到今不信口甜人”。

【摔跤也要向前倒】

指即使遭遇挫折或失败，也不能停止前行。

｛例｝渔家人有句俗话：“摔跤也要向前倒。”她用这种信念，冲过多少看来不可逾越的障碍。(吴德永等《海的女儿》二七章)

【摔了个跟头，拾了个明白】

比喻遭受挫折后，就会吸取经验教训，下次就不会重犯错误了。

｛例｝老刘啊，你这个跟头栽得不轻！可用农民的话说：“摔了个跟头，拾了个明白。”只要记住教训，就是浪子回头金不换啊！(梁秉堃《谁是强者》)

提示：此谚也说“摔了跟头学了乖”“摔一个筋斗，识一步路程”。

【塘怕渗漏，人怕引诱】

渗(shèn)漏：水渗透滴漏。指涉世不深的人最怕受到不良诱惑走上邪路，就像池塘最怕渗水漏水导致干裂。

｛例｝常言道“塘怕渗漏，人怕引诱”“蛆枣先红，破蛋先臭”。这些辗转流传开来的谚语，寄托着长辈对青年人的关爱与担心。（礼杰《并非多余的担心》）

【天上下雨地上滑，各自跌倒各自爬】

指在困难或挫折面前，要靠自己的力量解决问题，而不能等待和依赖别人。

｛例｝他把手放到杨亮的肩头上，朗朗地说：“你说得对！天上下雨地上滑，各自跌倒各自爬，要翻身得靠自己。”（丁玲《太阳照在桑干河上》三四）

提示：此谚也说“自己跌倒自己爬”。

【天上下雨地上滑，哪儿跌倒哪儿爬】

比喻遭受到挫折或失败后，应尽快改正错误后，及时吸取教训，重新振作。

｛例｝他摇摇头，嘲笑尤小舟：“看，现时落到这个地步：放着宽敞的办公室不坐，让人押到这儿来了。唉！真是，你是个急的，我是个疲的，土地神是个泥的，啥样的都有，不过，吃一亏长一智嘛。先劳动劳动，在乡

下喝点新鲜空气；天上下雨地上滑，哪儿跌倒哪儿爬。”（张贤亮《河的子孙》二章）

提示：此谚告诉我们，在失败中总结出经验教训，及时修正自己，才能走向成功。

【听人劝，得一半】

指虚心听取意见，就能少走弯路。

｛例｝汪兄，这里有句俗话：听人劝，得一半。这个年头，大家都在吃苦，还有什么好吵的！女人不及男人会吃苦，有时候闷不过，发点牢骚，也是人情之常。（巴金《寒夜》四章）

提示：此谚也说“听人劝，吃饱饭”。

【头回上当，二回心亮】

指第一次上当吃亏后，第二次就变聪明，提前防范了。

｛例｝今后再遇上这样的事，保险不会轻易上当受骗，头回上当，二回心亮嘛！（姜树茂《渔港之春》一五）

【未量他人，先量自己】

量（liáng）：衡量。指没有评价他人之前，要先检查、反思自己。

｛例｝嘴喳喳常诳口，儿，自古道：“未量他人，先量自己。”（明·苏复之《金印记》一六出）

【小惭小好，大惭大好】

指犯错后有小的羞愧，会有小的益处；犯错后深感惭愧，便会大有益处。

｛例｝异史氏曰：“花面逢迎，世情如鬼。嗜痂之癖，举世一辙。‘小惭小好，大惭大好。’若公然带须眉以游都市，其不骇而走，几希矣。彼陵阳痴子，将抱连城玉向何处哭也？呜呼！显荣富贵，当于蜃楼海市中求之耳！”（《聊斋志异·罗刹海市》）

提示：此谚运用递进关系说明，犯错后要有羞愧之心。小羞愧，小收获；大羞愧，大收获。

【小错护短，大错不远】

指纵容小错误不去纠正，很快就会酿成大错。

｛例｝人常说：“青柴难烧，娇子难教。”所以难教，就在于做娘的娇宠、疼爱，舍不得重话说一声，往往“小错护短，大错不远”，爱子反成害子。（缪德《儿怕娘娇》）

【悬崖勒马，犹未为晚】

悬崖：高而陡的山崖。比喻在危险的边缘及时醒悟，改正错误，还不算晚。

｛例｝突然之间，山石后又转出一个妙龄女尼，说道："费师叔，苦海无边，回头是岸，你眼下只有做坏事之心，真正的坏事还没有做，悬崖勒马，犹未为晚。"（金庸《笑傲江湖》七）

提示：此谚也说"悬崖勒马不为晚，船到江心抛锚迟"。

【悬崖勒马收缰晚】

比喻已到极其危险境地，想后悔也来不及了。

｛例｝你十三妹嘴是蜜罐子，心是蒜瓣子！眼下已到"悬崖勒马收缰晚"的地步了，你莫卖花花舌罗！（周肖《霞岛》三一）

【咬着石头，才知道牙疼】

比喻遭遇到挫折后，才真正体会到失败的痛苦。

｛例｝俗话说："咬着石头，才知道牙疼。"要好好找找原因，改了就好。（周民震《顾此失彼》六三）

【要知道自己的长相，就别总是对着镜子笑】

想知道自己真实的容貌，不能光看美丽的笑脸。指不能光看到自己的优点，也要知道自己的缺点。

｛例｝俗话说得好："要知道自己的长相，就别总是对着镜子笑。"我照过镜子，我知道自己的长相。（康式昭等《大学春秋》三五章）

提示：此谚告诉我们，反思如一面镜子，能将自身的错误清楚地照出来，使我们有改正的机会。

【一步错，不能百步歪】

指一件事情做错了，要及时纠正，不能继续出错。

｛例｝跟着高国权奔前跑后，走了斜道。一步错，不能百步歪，咱今儿醒过腔来了。（罗丹《风雨的黎明》一二）

【一日错翻腾一世错】

翻腾：变化。指在关键时期做错某重要事情，会导致一辈子难以摆脱这一错误的影响。

｛例｝〔孛老儿见正末悲科〕〔云〕孩儿也，由不的我，都是你母亲来。〔正末唱〕量度，一日

错翻腾一世错。（明·无名氏《薛苞认母》二折）

【一失足成千古恨，再回头是百年身】

失足：比喻犯严重错误或堕落。一时不慎铸成大错，成了永久的遗憾；等到醒悟时，这辈子已经过去了。指做人一定不要犯严重错误，否则想补救悔改都来不及。

{例} 谚云："一失足成千古恨，再回头是百年身。"不要说男子处逆境，有怨天尤人，即使妇人亦多嗟叹，一日之间，就有无穷怨尤，总是难与人说的。（《隋唐演义》六五回）

提示：此谚出自明·杨仪《明良记》："唐解元寅既废弃，诗云：'一失脚成千古笑，再回头是百年人。'"此谚也说"一失脚成千古恨，再回头是百年人""一失脚时千古恨，再回头是百年身""一次失了脚，终身是恨事""一失足成千古恨""一失足为千古恨，惊回首已百年身"等。

【一事差，百事错】

指一件事情做错了，往往会连带许多事都跟着错下去。

{例} 也是我一事差，百事错，空惹的千人骂万人笑，本则合暮登天子堂，没来由夜宿妖神庙。（元·王子一《误入桃源》四折）

【一蚁之穴，能溃千里之堤】

一个蚂蚁洞能毁坏千里长堤。比喻小的失误或纰漏不及时纠正或弥补，会造成极大的损失。

{例} "一蚁之穴，能溃千里之堤。"战场上一个小小的失误和纰漏，往往牵动着整个战争的成败！（肖玉《龙山寨》一一）

【一针及时省九针】

小洞及时缝补，只需一针；否则洞越变越大，用更多针线也难缝好。比喻有了小问题要及时纠正，否则问题越来越严重，补救起来会很费事。

{例} 只有及时指出来，并让孩子知道错误的后果，及时帮助他改掉，"一针及时省九针"，就会收到事半功倍的效果。（李文春《托起明天的太阳》）

【衣冠不正，朋友之过】

冠：帽子。穿戴不整齐，朋友看见了没有及时指出来，是朋友的过错。比喻一个人有缺点，朋友看见就要及时纠正。

{例} 孔平仲《送朱君贶诗》：人得朋友衣冠正。按《管子》有云：衣冠不正，则宾者不肃。俗谚“衣冠不正，朋友之过”，似由此变文。（清·翟灏《通俗编》卷二五“服饰”）

【以镜自照知脸容，以心自照知吉凶】

用镜子照自己能看清面容形体，用平静的心来观照自己能了解好运或坏运。指反思自省才能提高自我素质。

{例} 不是我卖关子，实在是各人自有心中事，难解得很。俗话说：“以镜自照知脸容，以心自照知吉凶。”（姚自豪等《特殊身份的警官》一〇）

【有钱难买回头看，头若回看后悔无】

指经常反思以前做过的事，这是难能可贵的；如果经常反省自己，就可以避免做后悔的事情。

{例} 画家有《张果老倒骑驴图》，或题其上曰：“多少世间人，不如个老汉，非是倒骑驴，凡事回头看。”谚亦云：“有钱难买回头看，头若回看后悔无。”皆醒世语也。（清·金埴《不下带编》卷四）

【有嘴说人家，也得有嘴说自己】

指遇事不能光批评别人，也要检查自己有什么问题。

{例} 萧长春说：“就算是大伙儿吧。你们是提意见的人，有嘴说人家，也得有嘴说自己吧？”（浩然《艳阳天》九五章）

【栽了跟头，别怪石头】

比喻犯了错误、受了挫折，不能一味埋怨客观。

{例} 那个猎手说打猎要得法，枪法要准，“栽了跟头，别怪石头”。后来，“栽了跟头，别怪石头”这句话便从民间流传开来，渐渐地变成了告诉人们有了过失、犯了错误要正确吸取教训的谚语。（李景阳等《栽了跟头别怪石头》）

【知错改错不算错，知错不改错中错】

指谁也免不了犯错误，及时改正了就可以得到原谅，而如果固执不改就是错上加错。

{例} 只要细细地思考一下就会明白，错虽然不跟屈相伴，可

是错和屈有时也常连在一起的。孔子也有三分错。人常说的："知错改错不算错，知错不改错中错。"（吴有泉《秋去冬来》三）

提示：此谚也说"知错改错不算错""知过改过不算错"。此谚告诉我们，走过弯路，犯过错误，是常有的事，关键是要勇于承认和改正错误。

【知过必改，便为好人】

指只要认识到自己的错误，及时改正，就是一个好人。

｛例｝王大笑曰："大丈夫一言可以兴邦，知过必改，便为好人，安有不便之处？"（《四游记·北游记》）

提示：此谚也说"知过必改，便是圣贤"。

【走马有个前蹄失，急水也有回头浪】

指人的一生不可能风平浪静，无论做什么事都可能遭遇挫折和失败。

｛例｝"那是过去兴时的事，现在背时喽！""依我看，现在也不背时。走马有个前蹄失，急水也有回头浪。胜败是兵家常事嘛！"（罗旋《南国烽烟》一部一）

【左眼看别人的短处，右眼一定要审视自己】

指不能光看到别人的缺点，更重要的是要看到自己的缺点。

｛例｝不能只看到自己的长处，看不到自己的短处；也不能只看到别人的短处，看不到别人的长处；更不能拿自己的长处比别人的短处。"左眼看别人的短处，右眼一定要审视自己。"（孙立坤《在省供销合作社领导班子会议上的讲话》）

五、坚持积累

【百尺竿头，更进一步】

百尺竿头：很高的竿子的顶端。比喻不能满足已有的成绩，要继续努力。

{例} 这次回到重庆来，应该百尺竿头，更进一步，就是我们也多少愿意出点力，在旁边帮助他一把。（张恨水《魍魎世界》）

提示：此谚也说“百尺竿头须进步”“百尺竿头，更须进步”“百尺竿头，进取一步”。

【百尺高楼从地起】

百尺高的楼房是从平地建起的。比喻要想成就大事业，必须从基础做起，注重点滴积累。

{例} 当知“百尺高楼从地起”，天下决无一蹴即成之事，亦无一学即能之业，无不从一点一滴的知识经验积聚而成，若小事尚不能为，安见其能为大事？（邹韬奋《能与为》

提示：此谚也说“百尺之台起于垒土”“万丈高楼从地起”“万丈高楼平地起，千斤粗绳细处折”。此谚告诉我们，任何成绩的取得都来自于点滴积累。

【冰冻三尺，非一日之寒】

使水成冰冷冻三尺厚，不是因为某一天突然寒冷才冻成。比喻任何事物的形成和任何事情的成功，都要经过长时间的积累、渐变而成。

{例} 但冰冻三尺，非一日之寒。对联是一种文化含量较高的文学形式，它需要一定的学识水平、文学修养。我们只有反复修炼，不断钻研，才能达到较高的境界。（夏峻《关于对联教学的尝试》）

提示：此谚也说“冰冻三尺，不是一日之寒”“冰冻三尺非一日之寒，滴水穿石非一日之功”。

【不怕百战失利，就怕灰心丧气】

指遭受挫折时，只要不灰心，有必胜的信心，就能转败为胜。

{例} 打仗嘛，就有胜有败，不怕百战失利，就怕灰心丧气。秦大哥，你只管放心，咱毛主席领导的队伍，士气是扑不灭的火

焰，截不断的泉源，是什么样的敌人也打不垮的！（郭澄清《大刀记》一卷二章）

【拆块砖是动土，推倒墙也是动土】

指事情已经开始做了，就要坚持做完，不能半途而废。

{例} 当时不该撤！“拆块砖是动土，推倒墙也是动土！”看着西瓜不用刀切怎么吃？要是我在，干上了就干到底！（王火《血染春秋》二章）

【柴经不起百斧，人经不起百语】

木柴虽然坚硬，也经不起多次的砍伐；人虽然有自己的主见，但经不起反复劝说。比喻只要诚心诚意多说几次，最终就能说服人。

{例} 你再多活动活动，多给人家说说好话，“柴经不起百斧，人经不起百语”嘛。（刘彦林《春风得意》一三章）

【虫蛀木断，水滴石穿】

虫子不断地咬，能咬断木头；水不停地滴，能滴穿石头。比喻力量虽小，只要持之以恒，就会成功。

{例} “虫蛀木断，水滴石穿。”两三个月工夫，居然被我将全书完全编竣，虽然东拉西扯，却似乎有些至理名言。（周大荒《反三国志演义》六回）

提示：此谚也说“绳解木断，水滴石穿”。

【存心无大小，积德不嫌多】

存心：怀有某种念头。积德：为求福而做好事。怀有善心无论大小，积累德行多了就好。指做善事越多越好。

{例} 这廉小村本心生来恻隐，每日做了生意，到晚来结账，将这一日所赚的银钱，扣定了一日食用盘缠，余下的他便尽着为施舍济人之用。正所谓：存心无大小，积德不嫌多。（《麟儿报》一回）

【大从小来，有从无来】

指事物都是从无到有、从小到大逐渐产生、发展起来的。

{例} 古人云：“‘千里之堤，溃于一蚁。’‘大从小来，有从无来。’‘猴’厂长善于从小事入手，力图杀祸于萌芽状态之中。”（任发《猴厂长与〈孙子兵法〉》）

【得之在俄顷，积之在平日】

俄顷：一会儿。灵感、体会

虽然会在片刻间得到，但实际上全靠平时积累才能做到。指平时积累十分重要。

{例} 丰富的理性与感性经验是“悟”的前提。正如古人所说：“得之在俄顷，积之在平日。”因此，教师要引导学生注意平时的积累，因为“厚积”是“顿悟”的基础和源泉。（邵锋《新课程让语文课堂异彩纷呈》）

【滴水成河，积少成多】

每一滴水汇聚起来能形成河流，积累少量的，能形成巨大的数量。指不断积累，就会由少变多。

{例} 古人道得好：滴水成河，积少成多。当初你在艰难不足之中，不是我省吃俭用，怎能够挨到今日。（《禅真后史》九回）

提示：此谚也说“滴水成河，积米成箩”“滴水成渠，聚沙成塔”“聚少成多，滴水成河”。

【滴水能把石穿透，万事功到自然成】

就像水滴能把石穿透一样，做事只要持之以恒，再难的事也能完成。指只要持之以恒，积微小之力，就能成就难能之功。

{例} 悟空你莫要太急性，学道法不是一日功。常言道：“滴水能把石穿透，万事功到自然成。”（常志等《快板书西游记》四回）

提示：此谚告诉我们，只要不断积累，坚持不懈，就能够获得成功。

【蠹众而木折，隙大而墙坏】

蠹（dù）虫：咬器物的虫子。太多的蠹虫蛀蚀，坚硬的树木也会被蛀断；缝隙大了，牢固的墙垣也会倒塌。比喻不及时清除小害，会酿成大祸。

{例} 谚曰：“蠹众而木折，隙大而墙坏。”故大臣争于私而不顾其民，则下离上；下离上者，国之隙也。秩官之吏，隐下以渔百姓，此民之蠹也。故有隙蠹而不亡者，天下鲜矣。（《商君书·修权》）

【堆金不如积谷】

堆积金银珠宝，不如储存五谷杂粮。指积累粮食重要。

{例} 也不买田，也不放账，只拿来堆积粮食。自古道：“堆金不如积谷。”当不得他贱买贵卖，日长夜大起来，不上三十年，做了桃源县中第一个财主。（《连

城壁外编》)

【防患者杜于渐，创业者起于渐】

杜：阻塞。渐：逐渐；逐步。指预防祸患，需要在它处于萌芽状态时及时阻止，创建事业，需要一点一滴逐渐积累。

{例} 从来“防患者杜于渐，创业者起于渐”。渐者，人生所必注意一事乎？何以知之，吾尝来往扬子江口，观于崇明岛有以发其省也。千百年前，初无此岛。然时时积之，日日积之，以至月月年年积之，居然于浩浩荡荡、波浪滔天之江海交合处，成此大岛。是则渐之为功，真可惊可喜可惧之至矣。(张恨水《春明外史》后序)

【放松一步，倒退千里】

指做事情不能松懈，一旦松懈，就会迅速退步。

{例} 我小时候经常看到那嘉陵江上拉上水船的纤夫。我就想到：人生也是这样，放松一步，倒退千里！(郭沫若《武则天》三幕二场)

【富家必有旧物】

富贵人家，一定有前辈留下来的宝贝。指家产是逐渐积累起来的。

{例} 木器家伙，有什么新旧？而且俗言道得好，富家必有旧物。一个人家制了满堂新，那也不见得阔。三少奶这点事，还不知道？(张恨水《金粉世家》一〇八回)

【干一行爱一行，干一行钻一行，干一行专一行】

干一个行业，就要喜欢这个行业；还要钻研这一行的业务、精通这一行的技艺。指无论从事哪一行业，只要喜爱它，坚持钻研，就会成为这一行业的专家。

{例} 毛主席号召我们爱舰艇，爱岛屿，爱海洋，他们积极响应。干一行爱一行，干一行钻一行，干一行专一行。(王恺《碧雾港》一五)

【钢梁磨绣针，功到自然成】

只要肯下功夫，即使是坚硬的钢梁也能磨成绣花针。比喻只要有决心，肯下功夫，再难的事也能做成。

{例} 有道是“钢梁磨绣针，功到自然成”，咱们奉了赞普的隆重委托，万里请婚，不接到公主

怎么能轻易回去呢？（田汉《文成公主》一场）

提示：此谚也说“钢梁磨成针，只怕有耐心”“钢梁磨绣针，功到自然成”“拼得功夫深，铁杵磨成针”“只要功夫深，铁杵磨成针”。此谚告诉我们，只要肯下功夫，坚持不懈，再难的事也能办成。

【官从小大来，功从细积起】

官是从小做到大的，功夫是从细小的动作积累练习而成的。指做事要注重积累，持之以恒。

｛例｝樊虎道：“哥，官从小大来，功从细积起。”当初韩信也只是行伍起身。你不会拈这支笔去做些甚文字出身，又亡过了先前老人家，又靠不得他们荫，只有这一刀一枪事业，可以做些营生，还是去做的是。（《隋史遗文》三回）

【好头不如好尾】

指做事情不仅要有好的开端，而且要有好的终结。

｛例｝大家在广州所有一切钱银债务，限三天内清理完毕。我们要保全部队的名誉。“好头不如好尾”，千万不要欠下人一身烂债，留个臭名。（黄谷柳《虾球传》三部四）

【积丝成寸，积寸成尺；寸尺不已，遂成丈匹】

蚕丝点滴积累起来，可以织成成寸、成尺的锦缎；不停地纺织，还能织成成丈、成匹的绸缎。比喻学有所成一定要点滴积累，持之以恒。

｛例｝今取六经及《论语》……苟能熟读而温习之，使入耳着心，久不忘失，全在日积之功耳！里谚曰：“积丝成寸，积寸成尺；寸尺不已，遂成丈匹。”此语虽小，可以喻大。后生勉之。（宋·王应麟《小学绀珠》）

提示：此谚出自《后汉书·列女传·乐羊子妻》乐（yuè）羊子出门求学，才一年就回家，说是“久行怀思”，羊子妻听了很生气，立即拿了剪刀走向织布机，说“此织生自蚕茧，成于机杼，一丝而累，以至于寸，累寸不已，遂成丈匹。今若断斯织也，则损失成功，稽费时日。夫子积学，当日知其所亡，以就懿德。若中道而归，何异断斯织乎？”羊子听了，深受感动，继续求学，七年不回家，终于完成学业。

【集腋成裘，积土成丘】

狐狸腋下的一小块皮毛聚集起来能织成一件皮袄，零星的土堆积起来能形成山丘。比喻积少成多。

{例} 他们，等待着后方民众的慰劳、激励和救护，我们赶快凑起钱来，从一个铜子儿起，集腋成裘，积土成丘。好，老太太，从你开始，小少爷，奶奶，小姐，来来，把钱都集起来。（夏衍《“七二八”的那一天》附录）

提示：此谚也说“拳石堆成山”“一人一把土，堆起万丈山”。

【家有万贯，不如日进分文】

贯：古代的钱的单位，一千钱为一贯。万贯指钱财极多。家里即使有万贯家财，也不如每天都有微薄的收入。指钱财再多，也抵不上每天都有进项。

{例} 常言道：“家有万贯，不如日进分文。”娘子你打点几千银子，我贩些土物，载至江南，换些绸缎回来，就有若干的利息，添补著养家，岂不是好？（《绘图第一奇女》四六回）

提示：此谚也说“床头万贯，不如日进分文”“良田万顷，不如日进分文”。

【捡鸡毛，凑掸子】

掸(dǎn)子：用许多的鸡毛绑成的去除灰尘的工具。捡来一根一根的鸡毛，能凑成一把掸子。比喻一点点积攒，会攒出一笔可观的钱财。

{例} 别看那零零星星的钱不起眼，今天攒一元，明天攒两元，天长日久，“捡鸡毛，凑掸子”，就是一笔可观的储款。（褚可智《这不是幻想》）

【九折臂而成医】

九：泛指多次。多次折断胳膊，积累了治疗经验，就能成为医治断臂的医生。比喻多次受到挫折，就会积累经验，总结教训，成为处理某些事情的专家。

{例} 九折臂而成医兮，吾至今而知其信然。（战国·屈原《九章·惜诵》）

【涓涓不绝，流为江河；荧荧不灭，炎炎奈何】

涓涓：细水缓慢流动的样子。荧荧：光闪烁的样子。炎炎：夏日阳光强烈。指细小的水流不停地流淌，能汇聚成江河；闪烁的光不熄灭，能聚集成强烈的光。指微小的力量会汇聚成大的势力。

{例} 是时，史弘肇为都指挥使，与宰相、枢密使并执国政，而弘肇尤专任，以至于亡。语曰："涓涓不绝，流为江河；荧荧不灭，炎炎奈何？"可不戒哉！(《新五代史·康义诚传》)

提示：此谚出自《六韬·文韬·守土》："涓涓不塞，将为江河；荧荧不救，炎炎奈何?"此谚也说"涓涓不塞，将为江河"。

【开店容易守店难】

指新店铺开张容易，坐守店铺操持却很难。泛指前期创业容易，但要长期兴旺下去却很艰难。

{例} 看着妻愁眉苦脸的样子，我就不断开导她说："万事开头难，开店容易守店难。你只是刚刚起步，人家都不熟悉你，慢慢生意就会好的。"妻子只好无奈地点点头。(陈斐华《春天药房》)

【开弓没有回头箭】

拉开弓射出的箭再也无法收回。比喻事情既已开始，就没有反悔的余地，只能坚持走下去。

{例} 他做事从不冲动，认定了目标，便勇往直前，正像俗语说的，"开弓没有回头箭"，他不会中途反悔的。(毕娟《强者的脚步》)

提示：此谚也说"开弓的箭回不了头""开弓难收回头箭"。

【苦的不尽，甜的不来】

吃了很多苦头才尝到了甜头。比喻只有不断地努力，无悔地付出，才能享受成功的喜悦。

{例} 看不得他飞的不高，跌的不重，须知他苦的不尽，甜的不来。(《儿女英雄传》三回)

【浪头把泥沙淘净了，留下的就是金子】

比喻艰难困苦会把意志薄弱的人淘汰掉，能坚持下来的是真英雄。

{例} 许凤激动地说："这种人早点走了也好。浪头把泥沙淘净了，留下的就是金子。软骨头走了，剩下的一个个都是硬汉，我们的队伍只会更纯洁、更坚强。"(雪克《战斗的青春》一章七)

【溜之细穿石，绠之细断干】

溜（liù）：顺房檐上滴下来的细水流。绠（gěng）：汲水用的绳子。屋檐上滴下的水虽然细小，但不断滴落可以把坚硬的石头滴穿；汲水的绳子虽然细软，但不断地磨拉可以把粗壮的木头磨断。比喻微弱的力量长时间积累就能起大作用。

{例} 夫学废则士亡，士亡则国虚，国虚则上下危，上下危则礼义销，礼义销则狂可奸圣，贼可凌德，圣德逶迤不知所终。谚所谓："溜之细穿石，绠之细断干。"斯言损益有渐，非聪哲靡察也。（唐·李观《请修太学书》）

提示：此谚告诉我们，成就大事不在于力量的大小，而在于能坚持多久。

【路要一步一步走，饭要一口一口吃】

比喻做事要按步骤逐渐深入或提高，不能急于求成。

{例} 看看，又来了。路要一步一步走，饭要一口一口吃，走急了跌着，吃急了噎着。你又不是没干过八路，明知道他们在河西，生碰笼子，上哪儿找去？还是那句话，不可性急。（王厚选《古城青史》三四回）

提示：此谚也说"饭要一口一口地吃""饭要一口一口地吃，路要一步一步地走""饭要一碗一碗地吃""路得一步一步地走""路要一步一步走"。

【迈了一步，不怕迈第二步】

指只要开始做事，就要坚持做下去。

{例} 刘魁胜明白地命令马鸣："你过来指罢，既迈了一步，还怕迈第二步？你要耍心眼来欺蒙，会吃不了叫你兜着！"（冯志《敌后武工队》二三章）

【美成在久，恶成不及改】

好的德行是经过相当长的时间逐渐形成的；恶习一旦形成很难在较短的时间内改掉。指平常要注重养成好的行为和习惯。

{例} 故法言曰："无迁令，无劝成。"过度益也，迁令劝成殆事。美成在久，恶成不及改，可不慎与？（《庄子·人间世》）

【猛虎捕食冲三冲】

凶猛的老虎捕捉食物也不一定一次成功。比喻做事情要经过多次努力，才能成功。

{例} 侯殿坤挂着一副哭笑的脸神，踏着一块大石头说："猛虎捕食冲三冲，我们两冲未成功，吃饱了，再来第三冲，打他个疲腿饿肚子走不动。"（曲波《林海

雪原》三〇）

提示：此谚告诉我们，要走向成功，重要的一点就是必须坚持不懈。

【年年有储蓄，荒年不慌人】

每年都要有积存，万一遇到颗粒无收的年头，也不至于慌乱。指平时生活要有储蓄意识。

{例} 储蓄，是一种传统的美好意识，不应该被忽视的。人们往往到缺粮少钱的时候才省吃俭用，那是一种被动的行为。人常说："年年有储蓄，荒年不慌人。"（陈亮国《丰年话储存》）

【呕心沥血流大汗，功到迟早成效见】

呕心沥血：形容用尽心思。指做事只要努力付出，功夫下到了，就一定会有好的结果。

{例} 有志于让自己文章写好的同学，应当从这里得到启示，钻进去，一天两天，一月两月，一年两年，总会成功的！俗话说："呕心沥血流大汗，功到迟早成效见。"（张晓林等《谈写作·绪论篇》）

提示：此谚告诉我们，只要坚持努力，保持进步的节奏，成功就会向我们招手。

【胖子不是一口吃起来的】

比喻知识积累或人的成长都需要一个过程，不能急于求成。

{例} 自然，胖子不是一口吃起来的，凡事要慢慢地来，可是头一见面就砸了锅，是不容易再锯起来呀！（老舍《赵子曰》一七）

提示：此谚也说"胖子也不是一口儿吃的""一口吃不下个胖和尚"。

【七次跌倒，要八次爬起来】

指不管遇到多少次挫折，都要坚持拼搏。

{例} 人一辈子，七次跌倒，要八次爬起来！千万不能窝囊。爱爱，你要拿定主意，是风是雨只管往前走，没有过不去的火焰山。（李凖《黄河东流去》四八章）

【起头易，到底难】

指做事情开始容易，而坚持到底很难。告诫人做事要有恒心。

{例} 若如今世上，小时凭着父母蛮做，动不动许在空门。那晓得起头易，到底难，到得大来，得知了这些情欲滋味，就是强制得来，原非他本心所愿。（《初刻

拍案惊奇》卷三四)

【气不圆，馍不熟】

蒸汽不足，馒头就熟不透。比喻做事不可操之过急，功夫一定要下到，否则就会失败。

{例} 俗话说得好："强摘的瓜不甜。"又说道："气不圆，馍不熟。"像这样大事，可不能操之过急。(姚雪垠《李自成》三卷五八章)

【千里之堤，溃于蚁穴】

堤：堤坝；溃：崩溃；蚁穴：蚂蚁洞。一个小小的蚂蚁洞，可以使千里长堤溃决。比喻小事不慎将酿成大祸。

{例} 针对这种情况，我组织开展了"勿以善小而不为，勿以恶小而为之"的班会，会上对小事该不该管进行了辩论，还列举同学身边发生的小事造成的危害，最后得出结论："千里之行，始于足下；千里之堤，溃于蚁穴。""一屋不扫，何以扫天下。"(倪敏《新时期怎样做好班主任——100个优秀班主任工作心得》)

提示： 此谚出自先秦·韩非《韩非子·喻老》："千丈之堤，以蝼蚁之穴溃；百尺之室，以突隙之烟焚。"

【千里之行，始于足下】

千里远的行程，从第一步开始。比喻要实现远大的目标，要从眼前的小事做起。

{例} 道义体现于人日常的一切言行之中，"千里之行，始于足下"，先哲们以这一生动的比喻将远大的志向置于知行合一的哲学基础之上。(赵昌平等《二千年前的哲言》一)

提示： 此谚出自《老子》六四章："合抱之木，生于毫末；九层之台，起于累土；千里之行，始于足下。"此谚也说"千里之途，始于足下""千里之行，起自脚下""欲行千里，一步为初"。

【千镪而家藏，不如铢两而时入】

镪(qiǎng)：成串的钱。铢(zhū)：古代的重量单位，一两的二十四分之一。指家里钱财再多，没有日常收入，也会坐吃山空。

{例} 若使力田者于荒芜之野，垦田三百五十亩，得比输三百五十金者而同科，则国家一时虽未得三百五十金之入，而岁收三百五十亩之税，岁岁积之，其

得更倍。谚谓“千镪而家藏，不如铢两而时入”，此尤易晓也。（明·徐光启《农政全书·水利·潞水客谈》）

【千日锛子百日斧】

锛子：削平木料的工具。指木匠学会用锛子得一千天，学会用斧子得一百天。比喻下大功夫才能掌握基本功。

｛例｝嗨，我早讲过的，要退东吴兵，还须东吴人！不是我发牢骚，搞了一辈子蔬菜，平阳的情况，我不晓得？千日锛子百日斧，容易么？（水运宪《雷暴》二章二）

【千日管，百日笙，十年笛子不好听】

管、笙（shēng）、笛：均为管弦乐器。学习一千天才能学成吹管，学习一百天才能学会吹笙，学习十年吹奏的笛子曲也不一定好听。指吹笛子更需要下一番功夫。

｛例｝在剧界也有“千日管，百日笙，十年笛子不好听”一说，此言吹笛之不易学。学吹管子（一种乐器），有千日之功即能演奏，相比之下学吹笙则更容易些，习练百日，即可奏效，而吹笛子则更难些，虽习练十年工夫，也不一定演奏得完美动听。（李翔《乐谚拾零》）

【千日斫柴一日烧】

斫（zhuó）：用刀、斧等砍。砍一千天的木柴，目的是为了一天燃烧之用。比喻平时积累的能量，在关键时刻用出来。

｛例｝问：“如何是学人转身处？”师曰：“一堵墙，百堵调。”曰：“如何是学人著力处？”师曰：“千日斫柴一日烧。”（宋·普济《五灯会元》卷一二）

提示：此谚也说“百日斫柴一日烧”“千日打柴一日烧”。

【千丈长绳，从头搓起】

比喻再难再大的事情，也都要从头做起。

｛例｝好，陈仙姑，我二人是千丈长绳，从头搓起，一入玉虚殿，谁也不悔了。（王中文《将军舞》七四回）

【钱是一个一个上万的，粮是一颗一颗上石的】

石（dàn）：容量单位，十斗为一石。钱需要一个一个积攒，才能攒够一万；粮食需要一粒一粒积攒，才能存够一石。指钱粮要靠平时积攒，才能积少成多。

{例} 宁在囤尖省，不在囤底愁。吃不穷，穿不穷，打算不到活受穷。钱是一个一个上万的，粮是一颗一颗上石的。（张亮《节约备荒》）

【全始必全终】

有了好的开端，一定要坚持，争取有好的终结。指做事要善始善终。

{例} 自古道“全始必全终”，敢以远涉为辞乎？（《引凤箫》卷三）

【拳不能离手，曲不能离口】

打拳要不停地练拳，唱曲要不停地练嗓。指学习任何技艺都要坚持练习，才不会生疏。

{例} 真是拳不能离手，曲不能离口，十多年不干，就忘得一干二净了。（李良杰等《较量》二〇章）

提示：此谚也说“拳不离手，曲不离口”“曲不离口，拳不离手”。

【人贵有志，学贵有恒】

指做人最可贵的是有志气，学习最可贵的是有恒心和毅力。

{例} 这以后潘俊明工作、学习的劲头更大了。人贵有志，学贵有恒。（刘彦林《三月潮》三章二）

【人生第一开心事，辛苦功成闲话时】

人生最快乐的事情，是在付出辛劳终获成功后与人闲谈。指经过长时间的努力，获得成功是最开心的。

{例} 只见他满脸堆欢，不慌不忙，未从开口，先将身子往西一探，向那西间的南炕叫了一声“安公子！”这正是：人生第一开心事，辛苦功成闲话时。（《儿女英雄传》七回）

【日日行不怕千万里，事事做不怕千万事】

每天行走，就不害怕千万里的路程；一件一件地做事就不害怕做许多事。指做事只要坚持不懈，再繁多的事也能做好。

{例} “日日行不怕千万里，事事做不怕千万事”，让我们行动起来，从各级领导者到高智商的资本家，从腰缠万贯的大款到普通的平民百姓，你一锹土，我一棵苗，有钱出钱，有力出力。天下无不为之事，只怕是志不坚，只要我们持之以恒坚持到底，一

寸一寸、一尺一尺的沙漠一定会变成良田。(王素影《环境向人类发出SOS——写在“6·17”世界防治荒漠化和干旱日》)

提示：此谚也说“日日行，不怕万里路；时时做，不怕事不成”。

【肉不烂，再加炭】

肉煮得不烂熟是火力不够，还需要再加些炭。比喻做事不成功，是功夫没下到，还得继续努力。

{例} 兰香靠在门扇上，心说：“肉不烂，再加炭，不夺过你的心来，算我十八九时白风流了一回!”(郑惠泉《东邻西舍》四)

【三日不弹，手生荆棘】

三日：概数。荆棘(jīngjí)：带刺的小灌木。多日不弹琴，手上就像长了刺一样生疏。指要想技艺高超就要坚持练习，一旦中断就会生疏。

{例} (前日)在大书架上翻书，看有一套琴谱，甚有雅趣，上头讲的琴理甚通，手法说的也明白，真是古人静心养性的工夫。我在扬州也听得讲究过，也曾学过，只是不弄了，就没有了，这果真是“三日不弹，手生荆棘”。(《红楼梦》八六回)

提示：此谚也说“三天不唱口生，三天不演腰硬”“三天不练一手生”“三日不唱口生”“三日不练不顺手，三天不念不顺口”“三天不摸手生”。

【沙粒虽小伤人眼，小雨不停会成灾】

沙子的颗粒虽然微小，但也会伤害人的眼睛；小雨点儿虽小，但如果下个不停，也会酿成灾祸。比喻平时不注意小事，积累久了就会出现大的祸患。

{例} 沙粒虽小伤人眼，小雨不停会成灾。许多重大事故、案件的发生，起因都是微不足道、鸡毛蒜皮的小事。血的教训警示我们，要想保大节不出问题，必须身体力行从小事做起，点滴养成，持之以恒。(周升平《小事放纵大节难保》)

提示：此谚也说“沙粒虽小伤人眼，小雨下久会成灾”。

【舍得三季种，必有一季收】

种(zhǒng)：种子。季：季节。不吝惜三季的种子，必定有一季会有收成。比喻经过多次失败，还能坚持不懈下苦功，终会成功。

{例} 老话说得好："舍得三季种，必有一季收。"我们蓄塘水养鱼，并不是一帆风顺的，我们有过失败，有过教训，但我们没有泄气，终于取得了成功。（刊）

【神仙都是凡人做，只是凡人心不坚】

不管是什么人，只要肯下苦功修炼，都可以脱离凡尘。指普通人只要坚持苦练，终能取得成就。

{例} 依我看，一个是水中月，一个是镜中花，恰恰是理想爱情的最佳写照，只是不到万不得已，人们是耐不住寂寞的。有道是：神仙都是凡人做，只是凡人心不坚。（孙建军《疯人独语》）

【十载寒窗无人问，一举成名天下知】

多年贫困埋头苦学时，并没人了解过问；一旦科举高中，便声名远扬。指成功出名不是轻而易举得到的，而是常年坚持苦学的结果。

{例} 十八岁那年，孔老先生到城里考秀才，满心想，"十载寒窗无人问，一举成名天下知"，做文章时很用功。虽然八股文做得比别人好，主考官却因为他没有送礼物，竟没有取他。（白刃《孔老先生》二）

提示：此谚也说"十年窗下勤攻读，一举成名天下闻""十年窗下无人问，一举成名天下知""十年受尽窗前苦，一举成名天下闻"。

【事无三不成】

三：泛指多。指事情不经过多次努力办不成。

{例} 虽然如此，常言道："事无三不成。"这遭却是两遭了。老身只得替你再回他去。凭他怎么处？（《二刻拍案惊奇》卷二）

【守过荒年有熟年】

熟：丰收。指在艰难困苦中能坚持挺过来，定会取得成功。

{例} 当你感到难以忍受的时候，请记住一句话："守过荒年有熟年。"坚持下去，再坚持下去，只要能坚持到最后，胜利就是你的了。（江力号《挺住就是胜利》）

提示：此谚告诉我们，在困苦中坚持不懈，才能品尝成功的滋味。

【书无百日工】

书：书写。工：功夫。练习

写字，不花费一百天的工夫，不可能取得成效。指练习书法，需要长期下苦功。

{例} 张公精熟，号为“草圣”；永师拘滞，终著能名。以此而言，非一朝一夕所能尽美，俗云“书无百日工”，盖悠悠之谈也。宜白首攻之，岂可百日乎！（唐·张彦远《法书要录》卷三）

提示：此谚也说“书无一月工”。

【水非石凿，而能入石】

石凿：凿石的工具。水流不是凿石的工具，但能把石头滴穿。比喻再微弱的力量，只要有恒心，也可成就大事。

{例} 《穆天子传》曰：孟门即龙门之上口也。实为河之巨院，兼孟门津之名矣。此石始经禹凿河中，漱广夹岸，崇深倾崖，返捍巨石，临危若坠复荷。古之人有言：“水非石凿，而能入石。”信哉。（北魏·郦道元《水经注·河水》）

【台上三分钟，台下十年功】

舞台上短暂而高超的表演，是台下长期苦练的结果。指经过长期刻苦努力，才能取得成功。

{例} 创作不容易，表演也不容易，“台上三分钟，台下十年功”，谁的背后都是艰辛的付出和汗水。（粒砂《从“十五的月亮十六圆”说起》）

提示：此谚也说“台上几分钟，台下千日工”“台上三分钟，台下三年功”“台上十分钟，台下十年功”“台上一分钟，台下三年功”“台上一分钟，台下十年功”“台下苦练十年功，台上表演三分钟”。此谚告诉我们，事业的成功并非易事，需要人们付出百倍千倍的努力。

【天才出自勤奋，聪明源于积累】

天才：特殊的智力和才能。指要取得成就不能只靠天才和聪明，而主要靠的是后天的勤奋努力和长期积累。

{例} 天才出自勤奋，聪明源于积累。要有扎实的理论基础和丰富的实践经验，在勤学苦练的基础上培养独立思考和发现问题的能力。（樊军辉《关于学习的思考》）

提示：此谚也说“天才出于勤奋”。

【田舍翁亦当积三斛麦】

田舍翁：庄稼汉。亦：也。

斛（hú）：古代量器名，也是容量单位。方形，口小底大，古时以十斗为斛，后来又以五斗为斛。庄稼汉也知道应当积蓄些麦子。指每人都要有一些经济上的积攒蓄存，以备不时之需。

{例} 瞿琰奏道："臣奉旨抄籍印戟家财，其金银珠宝段匹之广，虽朝廷内帑亦不能及。"许敬宗道："俗谚云：田舍翁亦当积三斛麦。印戟为一秉笔内臣，便有些财帛，也不为过，何必如此妄奏天庭？没人之财，冒为己功，亦非士大夫气度。"（《明珠缘》一八回）

【头剃了一半，再疼也要剃光】

指事情进行到中途，再困难也必须坚持到底。

{例} 中国有句老话："头剃了一半，再疼也要剃光。"实话告诉你吧，我们公司的全盘计划，是把第二批生意计算在内的，完不成任务，我个人过不了关，公司也过不了关，你们也过不了关。（张波《摩根之梦》一四章）

【为山九仞，功亏一篑】

仞（rèn）：古时七尺或八尺叫一仞。篑（kuì）：装土的筐子。要堆垒九仞高的山，只差最后一筐土也不能完成。指事情的成败，在于能否坚持到最后，如果不能，就会前功尽弃。

{例} 就是不干涉吧，郝大成尚未捕获，现在放弃追剿，未免落个"为山九仞，功亏一篑"啊！（黎汝清《万山红遍》四章）

提示：此谚出自《书·旅獒》："不矜细行，终累大德。为山九仞，功亏一篑。"

【西方不亮东方亮】

这边不成功，还有另一边可能成功。指只要坚持不懈地努力，总能在某一方面取得成就。

{例} 不要紧，下村的秧，我看了蛮好，西方不亮东方亮，怕他什么？（周立波《山乡巨变》下八）

【夏练三伏，冬练三九】

三伏：也叫末伏，是一年中最热的时节。三九：冬至后的第三个九天，是一年中最冷的时节。指学习技艺不能怕吃苦，越是酷热、寒冷的时候，越要坚持苦练。

{例} 可是，连阴天一不抽烟，二不喝酒，三不吃荤，夏练三伏，冬练三九，打熬身子，一

时半会儿死不了。（刘绍棠《花街》六节）

提示：此谚也说“冷练三九，热练三伏”。

【先学会走才能学跑】

指做事要循序渐进，不能急于求成，反而酿成错误。

｛例｝中队长，别让高水手长这样干！先学会走才能学跑，越着锅台上炕怎么行？他平素没练过这招，把艇撞个窟窿，可就糟了！（王恺《碧雾港》一）

【心坚石也穿】

心坚：内心坚定。指只要有决心、肯坚持，什么事都能办成。

｛例｝世言：“心坚石也穿。”按真诰：昔有傅先生少好道，入焦山石室中，积七年，而太极老君诣之，与之木钻，使穿一石盘，厚五尺许，云穿地盘当得道。其人乃昼夜穿之，积四十七年，钻石穿，遂得神丹，乃升太清。（宋·王楙《野客丛书》卷二八）

【行百里者，半于九十】

一百里的路程，走了九十里，也只能认为是走了一半。指做事情越接近成功越艰难，更要坚持努力，决不可松懈。

｛例｝凡做事，将成功之时，其困难最甚。所以，“行百里者，半于九十”，有志当世之务者，不可不戒，不可不勉。（李伯箫等《领导手册·用人编》）

提示：此谚出自《战国策·秦策五》：“‘行百里者，半于九十’，此言末路之难。今大王皆有骄色，以臣之心观之，天下之事，依世主之心，非楚受兵，必秦也。”此谚也说“行百里半九十”“行百里者半九十”“行百里者九十半”。

【学贵有恒，道贵悟真】

指学习最可贵的是要有恒心，感悟道理最可贵的是领悟真谛。

｛例｝学贵有恒，道贵悟真。几年中学了不少字，看书报时“拦路虎”也不多了，郝大妈便寻思着写自传，把自己的坎坷经历都记录下来，给孩子们留个纪念。（田勇《读书识字五旬始》）

【学好千日不足，学歹一日有余】

人如果要向学好向善的方向发展，用一千天学习也不够；而要学坏向恶，一天的时间也用不完。指学好难，学坏易。

{例} “学好千日不足，学歹一日有余。”动了淫杀之心，每每在江面上变成渡江小舸，故意沉溺害人性命。（《三宝太监西洋记》九八回）

【燕子衔泥垒大窝】

比喻虽然力小物少，但只要坚持努力去做，定能积少成多，积小成大，取得成就。

{例} 俗话说：“燕子衔泥垒大窝。”建设节约型社会，应有“燕子衔泥”精神，一点一滴地积累，锲而不舍，才能建设好我们美丽的家园。（吴玲《节约型社会与“燕子衔泥”》）

提示：此谚也说“燕子叼泥垒大窝”。

【要得惊人艺，须下苦功夫】

指要想练成惊世的技艺，必须不怕吃苦，坚持练习不懈。

{例} 俗话说：“要得惊人艺，须下苦功夫。”习武练功之人，一日不能停，久辍必疏。（冯育楠《津门大侠霍元甲》二二回）

提示：此谚也说“要练惊人艺，须下苦功夫”“要学惊人艺，须下苦功夫”。

【要想武功好，从小练到老】

指要想练好非凡的武功，必须从小到大一直坚持练习。

{例} 学艺受苦，心甘情愿。常言道：“要想武功好，从小练到老”，没什么说的。（沈寂《大世界传奇·金钱世界》一八）

【业痴者大成，艺痴者大作】

痴：痴迷。大成：大的成就。大作：大的作为。指只有热爱专注于事业，才能取得大的成功。

{例} 月圆月缺，花开花落，转眼过了三年。老话说：业痴者大成，艺痴者大作。关羽把刀、枪、剑、戟十八般武艺练得精熟。（海帆《关公传奇·求师学艺》）

【一回生，二回熟，三回巧】

第一次做生疏，第二次熟悉，第三次就可以找到轻松做事的窍门了。指反复苦练才能不断进步。

{例} 其实，“巧”是乞不来的，只有熟能生巧，“一回生，二回熟，三回巧”就是这个道理。（马晓京《鹊桥相会——七夕节》）

【一日功好做，百日功难磨】

指短时间用心做事容易，而长久坚持却很难。

{例} 俗话说："一日功好做，百日功难磨。"小燕做好事也不是一桩两桩。学校毕业能留城市，可她偏回黄坑。（袁和平《佛手》）

【一天不练，自己知道；两天不练，同行知道；三天不练，观众知道】

技艺贵在天天坚持苦练，即使中断两三天的练习，也会在技艺上显现出来。泛指做任何事情都要有恒心，要坚持不懈，才能取得好的成绩。

{例} 坚实的功夫是以日积月累的刻苦练功作基础的，我们有一句行话："一天不练，自己知道；两天不练，同行知道；三天不练，观众知道。"（敖德斯尔《月亮湖的姑娘》九）

【一天一根线，十年织成缎】

一天纺一根线，十年积累起来就能织成一匹缎子。指长期学习积累，成果惊人。

{例} "一天一根线，十年织成缎。"这则谚语揭示这样一个道理，事物的发展都是从量变开始的，量变引起质变，大学生的思想发展过程也是这样的。（何峰《古老的谚语全新的理念》）

提示：此谚也说"一日抽一丝，千日成匹缎""一天一根线，一年织匹缎。"

【应知读书难，在于点滴勤】

应该懂得读书最难的是，坚持天长日久、点点滴滴的知识积累。指读书学习不可能一蹴而就，而要靠长期勤奋积累。

{例} 古人曾说："应知读书难，在于点滴勤。"每个状元心里都知道，读书难，十年寒窗苦读更难。他们可曾想过放弃？肯定有。可是他们放弃了吗？没有。他们就是凭着勤奋，凭着那种不懈的坚持，他们拼了下去……（唐静鑫《书山有路勤为径，做勤奋的读书人》）

【有心打石石成砖，无心打石石原原】

原原：以前的样子。有恒心，每天坚持打磨，能把石头打磨成砖的样子；没有恒心，石头只会是原样不变。比喻有决心、能坚持，就可以做成任何事；否则将一事无成。

{例} 俗话说，有心打石石成砖，无心打石石原原。姑娘家呀，

都是嘴硬心软。只要你狠下一条心，整天追着她缠，慢慢她便受不了罗！（周肖《霞岛》五章）

【有心大海能捞针，无心小事也难成】

只要有想法、有决心，再困难的事也能成功；而没决心、没恒心，再小的事情也会失败。

｛例｝哎，有心大海能捞针，无心小事也难成。只要咱下决心报答人家，早晚有一天能把鞋送到恩人手里。（吴师鲁《七十二行祖师爷的传说：孙膑的传说》）

【只要人有恒，万事都可成】

指只要有恒心，任何事都能成功。

｛例｝俗话说："无志易者难，有志难者易。""只要人有恒，万事都可成。"志气，对于企业领导和职工来说，犹如闪射万丈光芒的灯塔。（邓当元《变"四气"为"志气"》）

【知识在于积累，天才在于勤奋】

取得知识的关键在于不断积累，即使是天才也要靠勤奋才能成功。指勤奋努力，不断积累，可以造就人才。

｛例｝"知识在于积累，天才在于勤奋。"要像燕子垒窝、蜜蜂采蜜那样勤快地积累，灵活运用摘记、剪贴、做卡片等多种方法，并分门别类及时进行整理，长期坚持，必有所得。（张农科《刻苦学习勤奋实践努力提高做好党务工作的能力和水平》）

六、实践磨砺

【挨一拳，得一着；挨十拳，变诸葛】

诸葛：诸葛亮，三国蜀汉丞相，历史上著名政治家、军事家，常作为智慧的化身。指遭受多次挫折、磨砺，能增长才干，增添智慧。

{例} 英雄人物也不是天生的！常言道："挨一拳，得一着；挨十拳，变诸葛。"只要我们一心向前，挨打受气也会促我们长进的。（王勤《大江东去》一章）

【白米饭好吃田难种，鱼汤鲜美网难抬】

指丰收的喜悦是靠艰苦奋斗获得的。

{例} "白米饭好吃田难种，鱼汤鲜美网难抬。"先有"田难种"之苦，才能收到"白米饭好吃"之乐；先有"网难抬"之苦，才能收到喝鲜美鱼汤之乐。（马铁丁《苦与乐》）

【百炼方能成钢】

生铁经多次锻造才能炼成钢。比喻人要经过反复磨炼，才能成为栋梁之材。

{例} 他对儿女的要求有他自己固执地坚持着的一套。他认为，百炼方能成好钢，创业难，守业更难。（杨星显《神涡》一三章）

提示：此谚也说"千锤成利器，百炼变纯钢"。

【被雨淋过的人，是不怕露水的】

比喻经受过大的磨炼，就不会害怕小的挫折。

{例} 梅腊月也不急不气，和声又问："戈旦妈到底放的什么谣言？舅娘，你照实说吧，没关系。被雨淋过的人，是不怕露水的。"（周肖《梅腊月》二一）

【兵要练方可精，刀要磨刃才利，马要驯才能驰骋千里】

驰骋（chí chěng）：奔驰。士兵要苦练本领才能精强，就像刀要磨砺才会锋利、马要训练才能跑得快跑得远。指人要训练、要磨砺，才能有作为。

{例} 常言道：兵要练方可

精，刀要磨刃才利，马要驯才能驰骋千里。以弟愚见，咱们就该连夜赶回瓦岗。（李振鹏等《五困瓦岗寨》一回）

【不吃苦中苦，哪有甜中甜】

指不经受艰苦磨炼，就不能获得成功的喜悦。

{例} 我娘早对我说过，“不吃苦中苦，哪有甜中甜”呢！你放心，吃苦受罪，我都不怕，能学到武艺就行。（张贺芳等《呼杨合兵》五二回）

提示：此谚也说“不吃苦中苦，难得甜上甜”“不吃苦中苦，难有福中福”“不受苦中苦，难有来日甜”“不受苦中苦，难得甜上甜”“不尝苦中苦，不知甜中甜”。此谚语告诉我们，每个人都要经历困境、磨难，正是这些经历促使人成长，促使人刚强，最终让人获得成功，感受到幸福和快乐。

【不当撑船手，不会摸篙竿】

篙竿：撑船的竹竿。不做驾船人，就不会熟练地掌控撑船的竹竿。比喻在实践中才能增长才干。

{例} 不当撑船手，不会摸篙竿。什么事都是干出来的！已经干开了，还怕什么风啊浪的？（张行《武陵山下》五三）

【不当家不知柴米贵】

指主管家务，才知道钱粮不足，持家艰难。也泛指有了亲身体验，才知道某事难做。

{例} 高蠡暴动，冯老兰死了，冯贵堂当家主计了。不当家不知柴米贵，花钱大手大脚；如今当起家来，也是视钱如命。（梁斌《烽烟图》八）

提示：此谚也说“不当家不晓得柴米贵”。

【不到西天，不知佛大小】

西天：佛教徒指极乐世界。佛：佛教指始祖释迦牟尼，也称修行圆满而成道者。比喻没有亲身经历，就不会对事情的难度有深刻认识。

{例} 俗话说：“不到西天，不知佛大小。”短短几天的严酷斗争实践，使他深深体会到，作为这支队伍的一个合格的组织者和领导者，自己能力不足。（王厚选《古城青史》二五回）

提示：此谚也说“不到西天不识佛”。

【不见风浪，不显本事】

不遇大风大浪，显不出驾船人的本领。泛指经历了艰难挫折，人的才干才显露出来。

{例} “可是，不见风浪，不显本事。”小伙子毫不在乎，说这话好像他撑船的工龄不在张穗培以下似的。（潮清《合婚台·头一招》二）

【不经磨炼不成人】

指人不经过艰难困苦的磨砺就不能成为有用之才。

{例} “不经磨炼不成人”，儿子这一代，是从泥里水里摸爬滚打过来的。在人生的道路上，他们正道直行，不坠家风，这当然让我放心。（王树山《夕阳无限》四编三一章）

提示：此谚也说“不磨不难不成人”“不磨不炼，不成好汉”“不受磨难不成佛”。此谚告诉我们，挫折磨难是锻炼意志增加能力的好机会。

【不经霜的柿子不甜，不过九的皮毛不暖】

九：数九，指冬至后开始的九个“九”天，是一年中最寒冷的时节。皮毛：带毛的兽皮。没有经过霜打的柿子不甜，没有经过数九严寒冷冻的皮毛不暖和。比喻没有经受过锻炼的人不成熟、不老练，不能担负重任。

{例} “不经霜的柿子不甜，不过九的皮毛不暖。”这打仗的本事练得不够火候，就消灭不了敌人。（肖玉《战鼓催春》二章六）

【不冷不热，五谷不结】

五谷：泛指粮食作物。指没有天气的冷热变化，粮食作物就不会成熟。比喻不经过艰难困苦，就不能取得成就。

{例} 的确，“不冷不热，五谷不结”。过分的舒适温馨可能使人脆弱绵软，恶劣的生存条件也许反倒能生成顽强的生命力。（易中天《读城记·武汉三镇》）

【不爬山的不知山高，不下海的不知水深】

比喻不亲身经历事情，就不能体会到其中的艰难。指亲自实践非常重要。

{例} 这六十一户一成立起家属小组，样样事都走在头前。不爬山的不知山高，不下海的不知水深。她们受过大苦，翻过身来也懂得今天的甜，就有一股子使不完的劲儿。（于敏《第一个回

合》一四章)

提示：此谚也说“不上山不知山路陡”。此谚告诉我们，只有亲身实践，才能了解社会、增长才干。

【不生孩子不知道肚子痛】

比喻没有亲身体验过，就体会不到事情的艰辛。

{例} 人常说，不生孩子不知道肚子痛。这帮人把财神爷送走，还说别人不对，我才不服气哩！(聂海《靠山堡》八)

提示：此谚也说“不养孩子，就不知道肚子痛”。此谚语告诉我们，要了解事物的真实情况，就要亲自实践。

【不挑担子不知重，不走长路不知远】

比喻没有承担过繁重的任务，就不知道完成任务的艰辛。

{例} 不挑担子不知重，不走长路不知远；亲身下河知深浅，亲口尝梨知酸甜。(阳春《事非经过不知难》)

【不下水，一辈子也不会游泳；不扬帆，一辈子也不会操船】

不敢下水，学不会游泳；不扬起风帆，学不会驾驶船只。指凡事都要亲自实践，才能有所进步。

{例} 我承认我没有这方面的经验和本领，不能瞎说大话。但是我认为什么本领也不是凭空得来的。俗话说得好：“不经一事，不长一智。”“世上无难事，只怕有心人。”“不下水，一辈子也不会游泳；不扬帆，一辈子也不会操船。”(曲波《林海雪原》一三)

【不遇盘根错节，不足以成大器】

盘根错节：树木的根枝交错盘旋。比喻事情纷繁复杂。大器：比喻能担当重任的人。指只有多次经受磨难、挫折，才能成为担负重任的人。

{例} 据他的说明，学校当局斥退我，是想玉成我的。说是“不遇盘根错节，不足以成大器”，我经过这一次的挫折，只要我能够悔悟，学校是要收回成命的。(郭沫若《我的童年》)

提示：此谚也说“不遇盘根错节，不足以成大器”“不遇盘根错节，无以别利器”等。

【不在被中眠，安知被无边】

无边：没有边沿，指被子破

烂不堪。没有用过那床被子，就不知被子的好坏。比喻不切身感受，就不了解真实情况。

{例} 今鄙俗语谓“不在被中眠，安知被无边”，而卢仝诗曰：“不予衾之眠，信予衾之穿。”（宋·王楙《野客丛书》卷二九）

【不撞南墙不知道墙硬，不尝梨子不懂得梨子酸】

比喻不遭受挫折或失败，就得不到经验教训。指吃点苦头并非坏事，可以积累经验教训。

{例} 你别上火，古语说得好：“不撞南墙不知道墙硬，不尝梨子不懂得梨子酸。”这回吃了苦头，能回头来，也是好事！（张国庆《亲仇》一六章）

【不琢磨不成大器】

琢(zhuó)磨：治玉为琢，治石为磨。大器：本指宝器，比喻杰出人才。玉石不经琢磨，就不能成为宝器。比喻不经过反复磨炼，就不能成为杰出的人才。

{例} 不然，人，惰性天生，不琢磨不成大器，决不能不加管束。（云中岳《侠影红颜》三）

【称一称知轻重，量一量知短长】

指通过实践检验，就能对事物做出正确判断。

{例} 理发师傅满头是汗，脸红的像喝了酒，嘴里喃喃念叨说：“怕不沾，怕不沾。”乔兰弟说：“称一称知轻重，量一量知短长；你没上尺上秤，咋晓得不行？”（李英儒《还我河山》四章三）

提示：此谚告诉我们，对事物能否做出正确判断，必须经过检验，而检验的方法必须通过实践来衡量。

【成不怕少，败不怕多】

不惧怕成功次数少，也不畏惧多次失败。指做事要敢于挑战。

{例} 娘娘何为如此！幽州雄兵尚有数万，战将不下千员，犹可克敌。自古道：成不怕少，败不怕多。此去幽州咫尺之间，挣扎走入城中再作去处。（刘兰芳等《杨家将演义》六回）

【成人不自在，自在不成人】

成人：有出息、有能力的人。自在：逍遥自由，安逸舒服。要想成为有出息、有能力的人，就不能贪图逍遥自在、安逸舒服；贪图安逸舒服，就不能有所作为。

指要想有作为就不能贪图享乐。

{例} 你要想“潇洒人间走一回”，那你就享受生活；你要想鞠躬尽瘁，奉献自我，你就必须心甘情愿地为事业做出牺牲。从古以来就是“成人不自在，自在不成人”，这“成人”，这“自在”，到任何时候都不会是并行不悖的。(王树山《夕阳无限》)

提示：此谚也说“自在不成人，成人不自在”。

【吃过黄连苦，才知蜜糖甜】

比喻遭受过苦难生活的人，才能体会到幸福生活的甜美。

{例} 俗语说，吃过黄连苦的人，才知道蜜糖的甜。可是你知道吃惯了蜜糖的人，突然叫他吃黄连，他又是什么样的感受吗？(仲玉《南唐演义》三五回)

提示：此谚告诉我们，要冷静地对待挫折，挫折对人是一种打击，也是一种磨炼。当你经历挫折后，把挫折看成是对自己的一次考验、一个磨砺的机会，你就得到了进步。

【初生牛犊跑大，学步伢子摔大】

伢子：小孩子。摔：跌跤。刚出生下的小牛犊是靠自己奔跑练习大的，刚学步的小孩是经过多次摔跤长大的。指要大胆放手让青年人勇担重任，在实践中锻炼成长。

{例} 至于晌秋肩膀嫩一点，常言说：“初生牛犊跑大，学步伢子摔大。”我们把担子给他压一压，让他自己脱手跑一跑，摔一摔，慢慢就会挑得起重担的！（张步真《前任支书》二）

【传闻不如亲见，视影不如察形】

辗转听到的，不如亲眼见到的可靠；观看影子，不如察看原形来得真实。指亲身实践才能获得真知。

{例} 事实告诉我们，工作作风越深入，领导决策的准确性和科学性就越强。深入实际，才能体现领导者的魅力。传闻不如亲见，视影不如察形。领导的权威和魅力就来自于深入实际。（杜春花《深入才会“真”和“实”》）

提示：此谚也说“传闻不如亲见”“传闻不如所见”“口说不如身逢，耳闻不如眼见”。

【从来好事天生险，自古瓜儿苦后甜】

历来要办成事情，都要经历

风险和挫折；就像苦涩的瓜果，最后才能长成甜美的果实。指要取得成功，需要经历很多的风险和磨砺。

{例} 从来好事天生险，自古瓜儿苦后甜。（元·白朴《阳春曲·题情》曲）

提示：此谚也说“从来好事多风险，自古瓜儿苦后甜”。

【打出来的铁，炼出来的钢】

铁是靠淬火洪炉打出来的，钢是靠千锤百炼炼出来的。指人的坚强意志，是在艰难中磨砺出来的。

{例} 常言道：“打出来的铁，炼出来的钢。”别看监工、厂长平日凶，只要我们抱成团、齐着心跟他们斗，这些家伙就傻眼了。（刘章义《铁魂》二〇）

提示：此谚也说“好铁不打不成钢”“铁炼成钢，兵练成将”。

【跌得倒，爬得起】

指遭受失败、挫折后，要振作精神，重新做起。

{例} 我们金督办，现在又有事情发表了。我们还要跟着他去呢。你猜是什么事情？哈哈！比以前更大了，是内蒙屯垦使呢。这就叫百足之虫，死而不僵。你看他们，真也跌得倒，爬得起来呀！（张恨水《京尘幻影录》一回）

提示：此谚也说“跌倒可以重新爬起来”。

【度过寒夜觉春暖，尝过苦豆知馍甜】

指受过苦遭过罪的人，才懂得珍惜幸福生活。

{例} 那年景人吃人，狗吃狗，穷人有这么个菜团子吃，就算上了天堂了。常言道：“度过寒夜的人倍觉春日暖，尝过苦豆子的人更知馍馍甜。”（刘学江《戈壁春风》一章）

【饿出来的见识，穷出来的聪明】

指逆境能锤炼人，使人增长见闻和知识，变得聪明起来。

{例} 这王氏若不是近日受了难过，如何能知王象荩是个好人。这也是俗话说得好，“饿出来的见识，穷出来的聪明”。（《歧路灯》八二回）

【耳闻者是虚，目睹者是实】

耳朵听到的可能是虚假的，亲眼看见才是真实的。指传闻不可信，亲眼看见才可以相信。

{例} 他跟随大哥出兵，未曾临阵，是耳闻说被伤，未曾亲见来。古言道得好："耳闻者是虚，目睹者是实。"（明·无名氏《古城记》一〇出）

提示：此谚也说"百闻不如一见""耳闻不如目见""口说无凭，眼见为实"。

【风流自古多魔障】

魔障：佛教用语，恶魔所设的障碍，后泛指人生所遭受的挫折或磨难。指自古以来，有才华、有建树的人大多都经历过许多磨难。

{例} 风流自古多魔障，不是咱虚褒奖，恰便似忠臣与良将，节凛冰霜。（明·康海《王幸卿》四折）

【风再大，山岭也不会动摇】

比喻意志坚强的人，遇到再大的艰难困苦，也能够做到坚定不移。

{例} 查干查也无精打采地在炕上躺下来了。现在他才知道，哈日夫连一丝儿动摇都没有。这使他想起一句草原谚语来："风再大，山岭也不会摇晃。"（甫澜涛《风雪察哈尔》二二）

【钢铁要在烈火中锻炼，英雄要在困难里摔打】

英雄人物是在同苦难做斗争中成长起来的，就如同钢铁在烈火中锻造出来一样。指人要成长必须在苦难中磨炼。

{例} 常言说："钢铁要在烈火中锻炼，英雄要在困难里摔打。"这话可真是一点不假。就拿八年抗日战争来说，中国人民就像生铁投进熔炉一样，烧了又烧，炼了又炼，捶了又捶，打了又打，才打出了成千上万的英雄好汉。（刘流《烈火金刚·开头话》）

【旱灾过后珍惜水，荒年到头喜见粮】

指物品匮乏后更显得其宝贵。也指人经历过苦难之后，才会更加珍惜来之不易的幸福生活。

{例} 今天终于能和这些书欢聚一堂，真是万幸！"旱灾过后珍惜水，荒年到头喜见粮"，我们三代人经历了这些年的书荒之后，也加倍热爱我家这些无价的宝藏。（德兰《求》五章一一）

【好刀要在石上磨，好钢要在火中炼】

比喻要塑造优秀的人才，必

须把其放在艰苦环境中磨炼。

{例} 前些日子，支援农业的任务刚一下来，要成立个大锤组，她听说后，就头一个跑到尹主任那里报了名。尹主任望着这个扎实、健壮的姑娘，心想："好刀要在石上磨，好钢要在火中炼。"(王浙宾《女锻工》二)

【好铁靠千锤，好钢靠火炼】

优质的钢铁需要经过千锤百炼才能炼成。比喻人要在多次的磨炼中才能成长为优秀人才。

{例} "别看咱们使的都是这些家伙，可是经本斋哥一训，还真个大队伍哩!""告诉你，这就叫作好铁靠千锤，好钢靠火炼。"(马国超等《马本斋》一七章)

【黄金要纯靠烈火，钢刀锋利要勤磨】

黄色的金子要变成千足金，依靠烈火锻造；钢制的刀剑要锋利无比，靠的是不断地磨砺。比喻优秀的人才是在艰苦磨炼中成长起来的。

{例} 为只为我老你小你小我老无有着落! 自古道："黄金要纯靠烈火，钢刀锋利要勤磨。"磨、磨、磨呀，要勤磨。(高振业《教子》)

【火不燎谁屁股谁不知疼】

指没有亲身经历痛苦，就不可能体会到其中的痛苦和煎熬。

{例} 可不是咋的，火不燎谁屁股谁不知疼，这水官不好当啊。来，先不唠这个。(陈庆恕《啤酒皇后》)

【剑当断革方知利，马历长途始见才】

宝剑削断了皮革才能证明它的锋利，好马经过长途奔驰才能显示出长跑的本领。比喻人的能力，要通过实践考验才能显现出来。

{例} 米总管相见大喜道："当日我只知先锋勇冠三军，不料你足智多谋，便是孙膑也不能过你。"正是："剑当断革方知利，马历长途始见才。"(《隋史遗文》三七回)

【娇养不如历艰】

指要让子女多吃苦磨炼才干，不能娇生惯养。

{例} 古言有云："娇养不如历艰。"我叫他到外边去，原非为多收钱粮，只为他知冷知热，识

世道。(《一层楼》)

【经目之事，犹恐未真；背后之言，岂能全信】

亲眼看到的事尚且怀疑是否真实，背后听到的话怎么能完全相信。指不能轻信传言。

{例} 武二，你休听外人挑拨，和西门庆做对头。这件事欠明白，难以问理。圣人云：经目之事，犹恐未真；背后之言，岂能全信？你不可一时造次。(《金瓶梅》九回)

【经验大似学问】

指从实践中得到的收获远远地大于从书本上学来的死知识。

{例} 王跑说："这还值得写书？不过人家常说'经验大似学问'，孔夫子会作书，未必会抓黄鳝。"(李凖《黄河东流去》四四章一)

提示：此谚告诉我们，通过社会实践，可以检验自己所学知识，使理论上的欠缺在实践环节中得到补偿，从而加深对基本原理和基本理论的理解。

【精金烈火，百炼不折】

纯度高的金子，大火多次煅烧也不会折断。比喻意志坚强的人能经得起挫折的考验。

{例} 如今只把个已嫁人家，甘为下贱，守定这朵朝天莲，夜舒荷，交还当日的种花人。这方是精金烈火，百炼不折，才为稀罕。(《石点头》卷二)

【镜愈磨愈亮，泉越汲越清】

镜：这里指铜镜，古时用铜作镜，要经常磨。汲(jí)：提取。铜镜越磨越明亮，泉水越提取越清洁。比喻人经受的磨难越多，心灵越洁净。

{例} 过学士道："他不放他，我……如何又肯放他？只得将他私邀养病之事，央一个敢言的当道，上他一本，使他必不成全，方遂我意。"只因这一算，有分教：镜愈磨愈亮，泉越汲越清。(《好逑传》一六回)

【看人挑担不费力，自己挑担重千斤】

看别人做事不费力气，自己去做就觉得很费劲儿。指凡事要亲自去实践，才能取得真切的经验。

{例} 可是眼时，正处在如此困难、这般危险的严重时刻，却远离了班长，失掉了墨波，一切风险只有自己承担，天大的困难也要靠自己去克服了！看人挑担不费力，自己挑担重千斤。怎么办？（张作为《原林深处》上一章）

提示：此谚也说“看人挑担不吃力”“看人挑担不吃力，自己挑担压断脊”“看人推车不吃力”“看人挑担不费力”。

【口说无凭，做出便见】

嘴里说的不能作为凭据，做出事实来才能证明。指凡事不能光听别人说得如何，一定要看到他是怎样做的。

{例} 沙和尚见他两个攀话，忍不住近前高叫道：“那怪物！休得浪言！古人云：‘口说无凭，做出便见。’不要走！且吃我一杖！”（《西游记》四九回）

提示：此谚也说“口说无凭，日后才见”。

【历经苦中苦，才为人上人】

指只有经过极其艰苦的磨炼，才能有所成就，获得别人的尊敬。

{例} 人言：“历经苦中苦，才为人上人。”老夫辛苦已历尽，此身将作地下尘。（明·无名氏《赤松子》三出）

【临渊羡鱼，不如退而结网】

临：面对；渊（yuān）：深水，潭；羡：希望得到。站在深潭边盼望得到肥美的鱼，还不如回家编织渔网。比喻实际行动胜过任何空想。

{例} 故汉得天下以来，常欲善治而至今不可善治者，失之于当更化不更化也。古人有言曰：“临渊羡鱼，不如退而结网。”今临政而愿治七十余岁矣，不如退而更化；更化则可善治，善治则灾害日去，福禄日来。（《汉书·董仲舒传》）

提示：此谚出自汉·刘安《淮南子·说林训》：“交画不畅，连环不解，其解之不以解。临河而羡鱼，不如归家而织网。”此谚也说“临河而羡鱼，不如归家结网”“临渊羡鱼，不如归而结网”。

【路不行不到，事不做不成】

指任何事情都必须付诸行动，才可能成功。

{例} 路不行不到，事不做不成，天下无难事，只怕有心人。果然，缪娜在明谭畔找到了鸡棕窝，什么青皮鸡棕，白皮鸡棕，

蒜头鸡棕，草皮鸡棕，七七八八就捡了一背篓。（张作为《原林深处》三章）

【没碰过钉子不知道疼】

碰钉子：遭遇挫折。指遭受挫折痛苦，可以促使人汲取经验教训。

｛例｝你就去认个不是，能少了你身上几两肉？你这样走了，往后咱们的工作还怎么做？嗔！年轻人没碰过钉子不知道疼！（王东满《漳河春》四）

【没有过不去的火焰山】

火焰山：《西游记》描写唐僧师徒在去西天取经的路上遇到的一座山，绵延数百里，大火熊熊，无法通过。孙悟空费尽周折向铁扇公主借来芭蕉扇扇灭了大火，才得以通过。比喻只要肯努力，世上任何困难都能克服。

｛例｝人一辈子，七次跌倒，要八次爬起来！千万不能窝囊。爱爱，你要拿定主意，是风是雨只管往前走，没有过不去的火焰山。（李準《黄河东流去》四八章五）

提示：此谚也说“没有过不了的独木桥”“没有过不了的鬼门关”“没有过不去的河”“没有过不去的山”“没有过不去的山，也没有走不通的路”。

【“难”字压顶，寸步难行；“闯”字当头，随意纵横】

纵横：雄健奔放。对事情畏难不前，便没有成功的可能；如果敢想敢干，成功就有希望。指有了敢于挑战、不怕困难的精神，才能取得成功。

｛例｝凌少辉考虑到李世修没有和敌人短兵相接过，怕他发慌，便向他鼓励道：“世修，沉住气。……俗话说：‘难’字压顶，寸步难行；‘闯’字当头，随意纵横。”（曲波《山呼海啸》二六）

【怕刺戳，摘不到鲜花；怕烫手，吃不到饽饽】

戳（chuō）：刺、扎。饽（bō）饽：面饼、馒头之类面食。害怕被刺扎，就摘不到美丽的鲜花；害怕被烫到手，就吃不到热乎的饽饽。比喻害怕危险，就不会有收获。

｛例｝给你可以，不过，你要好好干。“怕刺戳，摘不到鲜花；怕烫手，吃不到饽饽。”要打财喜，就得豁出老命！（李乔《破

晓的山野》一八）

【拼得一条命，水火也能胜】

拼：豁出去。敢于豁出自己的性命，水火这样的灾祸也能战胜。指人要敢于豁出性命，才能战胜任何困难。

{例} 这就成了。“拼得一条命，水火也能胜。”今夜他们来了，我给妹妹当红娘。（苗培时《馒头庵》二一回）

【骑过瘸驴吃过亏，再骑毛驴先看腿】

瘸（qué）：腿脚有毛病。曾骑坐在瘸腿的驴上受过伤害，再一次骑驴时，首先要检查驴的腿脚是否有毛病。比喻人在实践中受过挫折后，自然会吸取教训。

{例} 我朱玲先说的那一家，就是因为没房子，总说要盖，总盖不起。我朱玲也是骑过瘸驴吃过亏，再骑毛驴先看腿。（赵为农《娇娃娶亲》）

【千学不如一看，千看不如一串】

串：指实地排演。关起门多次学戏，不如到现场观看；到现场多次观看又不如实地排演。指各种技能只有在实践中才能提高。

{例} 不虚心，不知事；不实心，不成事。千学不如一看，千看不如一串。“串”就是实地去排去演。（钮骠《萧长华先生谈戏曲诀谚》）

【前船就是后船眼】

前边的船如何航行，何时停靠，就像是后边船的眼睛。比喻前人的实践，能给后人提供宝贵的经验教训。

{例} 若论前船就是后船眼，他今日薄董文，就是后日薄耿埴的样子，只是与他断绝往来也够了。（《三刻拍案惊奇》五回）

提示：此谚也说“前船就是背后眼”“前船就是后船崖”。

【人胆是吓出来的】

多次受到惊吓以后，渐渐就不害怕了。指人的胆量是从平日不断地吃苦受惊中锻炼出来的。

{例} 常言说“人胆是吓出来的”，过了年，李锁又来找长松，想再去弄一次麦子。（李凖《黄河东流去》四二章二）

【人受折磨武艺高】

指人经受了痛苦磨砺后，能力、技艺等会迅速提升。

{例} 年轻人们受点罪不算什么，人受折磨武艺高。是铁是钢，这一回就看出来了。（方纪《老桑树下的故事》二一）

【人要闯，刀要砀】

砀（dàng）：带花纹的石头，此处指在石上磨砺。指人要有所作为必须经受闯荡磨炼，就像刀要锋利必须在石头上磨砺一样。

{例} 王区长是他最信任的，泥腿子出身，从前哪有他姓王的讲的话，现在居然是区里一名人物了。真是“人要闯，刀要砀”，都是干出来的。（菡子《家庭会议》）

【人要金试，金要火试】

金子是真是假，一经火炼便知；人心是廉是贪，在金钱面前也一试便知。指金钱能辨识一个人的品德。

{例} 常言道：“人要金试，金要火试。”那些见钱眼开的，他当了官要说能廉洁，鬼才信哩！（李思明《贪廉辨》）

【人要炼，马要骑】

指人要不断经受磨炼才能有长进。

{例} 眼下工效不高也很自然，灾区的群众，几年没吃过干饭，干活自然没劲。“人要炼，马要骑”，过一个时期，会提高一些的。（袁静《淮上人家》四章一八）

提示：此谚也说“马要骑，人要闯，生铁不炼不成钢”。

【人在苦中不知苦】

指人在逆境中往往会逐渐适应苦难，也就不觉得苦了。

{例} “人在福中不知福”，固然是至理名言，“人在苦中”却也会“不知苦”。至少，它不会像旁观者所想象或自己以前所想象的那么苦。当逆境来临时，人自然会产生适应力。也就因为我们对痛苦有适应力，并可发挥潜能去超越痛苦，所以才往往因祸得福。（罗兰《苦闷》）

【人在苦中练，刀在石上磨】

人只有在艰苦中磨炼，才能让自己尽快成才，就像刀子要在磨石上磨才能变得锋利。指人要在艰苦磨炼中成长。

{例} 俗话说：“人在苦中练，刀在石上磨”。生活中我们确实需要一个对手，一点压力，一

些磨难。因为对手的大举进攻，能让自己发现缺点和不足；对手的排斥与异议，历练了自己的人生信念。（《作文与考试》）

提示：此谚也说“刀钝，石上磨”“人钝，世上磨”“人在人前闯，刀在刃上荡”“人在世上炼，刀在石上磨”。

【山不碍路，路自通山】

山再高也会有路通向山顶。比喻有再大的困难，只要有勇气面对，有毅力坚持，一定能够有办法克服。

{例} 对于挫折，我们应该欢迎才是，不要见到它就回避，也更不要吓倒在它的脚下，而应奋力搏击，拥有越挫越勇的信念，持有百折不挠的精神，你就可以击穿大山，找到大山那边的成功，此谓山不碍路，路自通山。（张锐冰《越挫越勇》）

【山高自有客行路，水深自有渡船人】

山峰再高也有人行走的路，河水再深也有渡船的人。指只要有决心、有信心，再大的困难也能克服。

{例} 长老心中害怕，叫悟空道：“你看前面这山，十分高耸，但不知有路通行否？”行者笑道：“师父说哪里话。自古道：‘山高自有客行路，水深自有渡船人。’岂无通达之理？可放心前去。”（《西游记》七四回）

【山再高也高不过两只脚】

任何高峻的山峰都会被人踩在脚下。指只要有毅力，任何艰难险阻都能被克服。

{例} 山再高也高不过两只脚，滚涛有两条腿，不怕攀不上阿瀚峰！（李惠薪《澜沧江畔》二二回）

提示：此谚也说“山高高不过脚底板子”“山再高还在脚板底下”。

【十磨九难出好人】

人经受多次磨难后，就可能成为杰出的人才。指逆境艰难能增长人的才干。

{例} 人常说，“十磨九难出好人”，又道是，“不受磨难不成佛”。试看自古以来，哪个英雄豪杰不是从重重的磨难中闯出来的？（沈平《逆境出才干》）

提示：此谚告诉我们，只有经得起磨炼的勇者，才能到达胜利的顶峰。而那些经不起风吹雨打的人，只能被困难淘汰。

【石头再硬，锤也打得开】

石头再坚硬，只要用锤子砸也能砸开，比喻困难再大，多想办法总能克服。

{例} 多艰难也挺得住，石头再硬，锤也打得开！等咱们有了武装，暴起动来，革命成功了，日子就好过啦！（冯德英《山菊花》六章）

提示：此谚也说“天下没有上不去的崖”。

【实践出真知】

真知：对事物的正确认识。指人们通过实践能获得对事物的正确认识。

{例} 实践出真知，调查才能解决问题。天黑前我见上游有人拉马渡河，我们为什么不能徒涉？（李晓明等《风扫残云》三一）

【事非经过不知难】

做事不经过自己亲身体验，就不会知道其中的艰难。指凡事贵在实践。

{例} “事非经过不知难。”伊藤大人也经历过许多艰难的，一定也有同感吧！（田汉《朝鲜风云》一〇场）

提示：此谚也说“事到做时方知难”“事非经苦不知难”。

【是骡子是马，牵出来遛遛】

遛：牵着牲畜慢慢走。比喻人的能力如何，需要通过实际的考查比试才能分辨出来。

{例} 什么目中无人？是骡子是马，咱得牵出来遛遛。谁不服气，到两军阵前见个高低。（单田芳等《大明英烈传》一二回）

提示：此谚也说“是骡子是马，遛一遛看”。

【受得苦中苦，方为人上人】

能经受得住别人难以忍受的苦难，才能成为被人敬重的人。指经受住艰难困苦，才能获得成功，受人尊重。

{例} 〔小生〕爹爹好差矣，孩儿是九州按抚之子。受那村僻妇人两拜不起。〔生〕我儿，做爹爹的几次要对你说，因你不知世事。你道爹爹官从何处来，渴饮刀头血，困来马上眠。受得苦中苦，方为人上人。（明·无名氏《白兔记》三一出）

提示：此谚也说“吃得苦中

苦，方为人上人”“吃尽苦中苦，终为人上人”“受尽苦中苦，尝到甜上甜”“受尽苦中苦，方为人上人”。此谚告诉我们，经历磨炼，方能焕发自身的生命活力，挖掘出自身的潜力，做出非凡的成就。

【说一千，道一万，不如拿眼看一看】

听别人说得再多，也不如亲眼看看可靠。指要了解真相就要亲自观察，不能道听途说。

{例} 赶明儿得空我再慢慢跟你二位说。走，今儿我先领你们看看明珠洞去。俗话说嘛：“说一千，道一万，不如拿眼看一看。”（谌容《光明与黑暗》三一）

【台上走一走，便知有没有】

戏曲演员在舞台上走几步，就能看出他们是否有真功夫。指是否有真本领，需要通过实践检验。

{例} 鸣翠从初中学唱程腔，也学过一点身段，然而，台上走一走，便知有没有，她上台一亮相，行家过了过眼，还是管她叫“老斗”。（刘绍棠《荆钗》一七）

【汤非口尝不知味，事要眼见才信真】

汤不是亲口尝试，就不知其中的味道；事情必须亲眼看见才能相信其真实性。指只有亲眼见到或亲身实践后，才会了解事实真相或明白其中的道理。

{例} 是的，一个人你要他相信他不相信的东西，是相当困难的，可是当他自己真相信了以后，在他身上就会变成一种力量。正是：汤非口尝不知味，事要眼见才信真。（李满天《水向东流》二四章）

【庭院里跑不开千里马，花盆里育不出万年松】

千里马不是在庭院里能跑得开的，万年松不是花盆里能长得成的。指培养人才要在广阔的天地里接受实践的锻炼。

{例} “靠”是有条件的，相对的；“闯”也是有条件的，不是绝对的。“庭院里跑不开千里马，花盆里育不出万年松”，这句俗话是很有道理的。（叶文《从“伯乐相马”想到的》）

提示：此谚也说“庭院里跑不出千里马，温室里长不出万年松”“温室里长不出大树”“屋里驯不出千里马，炕上养不成万年松”。

【投师不如访友，访友不如交手】

跟着老师学习不如和朋友交谈切磋收获大，而和朋友切磋不如和对手较量提高快。指实际磨炼是提高技能的最好途径。

｛例｝本人今天来会您，就是讨教的嘛！俗话说：“投师不如访友，访友不如交手。”等我把话说完，我最希望听到的是您的反驳！（毛志成《我与小城告别》八）

【未经身受，不知其苦】

指没有亲身经历，不了解其中的艰难困苦。

｛例｝唉！我这话也正如徐满说的，“未经身受，不知其苦”，错怪何老汉了。（吴有恒《山乡风云录》一〇章）

【学问从阅历中出】

阅历：亲身见过、听过或做过。学问是从亲身见过、听过或做过的事情中获得的知识和经验。指亲身实践能增长学问。

｛例｝说起来不外两句俗话，一句是“福至心灵”，一句是“学问从阅历中出”。（《红楼真梦》六一回）

【压大的力，吓大的胆】

强压之下能产生巨大的反弹力，惊险之中能练就出非凡的胆量。指艰险的环境最能锻炼人。

｛例｝难怪人家说：“压大的力，吓大的胆。”战争最能锻炼人。（罗旋《南国烽烟》一部）

提示：此谚也说“力气是压大的，胆子是吓大的”。

【眼嫩的人怕见血，耳嫩的人怕听雷】

嫩：柔弱，不坚强。指没有经过磨炼者，往往胆子小，不能承担重任。

｛例｝“眼嫩的人怕见血，耳嫩的人怕听雷。”先别问我受过什么刑，先得看看你的心是不是太嫩。（兆阳《女儿的信》一）

提示：此谚告诉我们，磨炼会使人勇敢、顽强、成熟、淡定，它会是一笔宝贵的财富。

【咬得菜根，百事可做】

能咽下菜根，什么事情都能做成。指只要不怕吃苦，肯花力气，任何事情都不在话下。

｛例｝他说：“凡人咬得菜

根，则百事可做。所以士志于道，不能恶衣恶食。像鲁老那种样子，恐怕放辟邪侈，无所不为。”（张恨水《京尘幻影录》一二回）

提示：此谚也说“咬得菜根，百事可为”。

【要为天下奇男子，须历人间万里程】

要想成为世上不平凡的男子，必须在人世经历无数次艰难困苦。指要想成为优秀人才，必须经受重重艰难险阻的磨炼。

{例} 凡车马人众，鞭刀糗糒之类，收拾一一完备，赵衰、狐毛等先押往郊外停泊。只留狐偃、魏犨、颠颉三人，将小车二乘，伏于宫门左右。专等姜氏送信，即便行事。正是：“要为天下奇男子，须历人间万里程。”（《东周列国志》三四回）

【要想打铁自把钳，要想种谷身下田】

指要想做成事情，就一定要亲自体验，在实践中提高。

{例} 要想打铁自把钳，要想种谷身下田。千条金竹织小篮，看来容易做起难。（缪德《实践与真理》）

【要知道梨子的滋味，必须亲口尝一尝】

指要想深入了解某事，就必须亲自去体验。

{例} 人长成大人的过程，自然不能与人长成以后在社会中摸爬滚打，于灾患挫折中走向成熟相提并论，但其中的道理却是相通的，正如俗语所说，“要知道梨子的滋味，必须亲口尝一尝”；没有真爱过的人，就不知道什么是“情到深处人孤独”。（殷昆《厚道为人成功学·安逸享乐使人丧志》）

【一辈子不出马，总是个小驹】

驹（jū）：初生的马、骡、驴。比喻人在世上不经受艰苦磨炼，终归不会有出息。

{例} 娘啊，这你可说错了。我在你面前，总是个小孩子。“一辈子不出马，总是个小驹。”这回，我要到两军阵前杀敌为父报仇。（刘林仙等《薛丁山征西》六六回）

提示：此谚也说“一辈子不出马，到老是个卒”。

【阴天饿不死瞎家雀】

即使阴雨天也饿不死瞎眼的家雀。比喻偶尔碰到一些挫折困难并不可怕，只要坚持努力一切都会好转。

{例} 大家不要愁嘛！庄稼是让雹子打毁了，可社会主义不是还在吗？俗话说“车到山前必有路”“阴天饿不死瞎家雀”嘛！(李思文《乱世夫妻》九章)

【有尺水，行尺船】

行（xíng）：通行。有多深的水，行多大的船。指做事要从实际出发，量力而行。

{例} 我且“有尺水，行尺船”，等什么鹰神再来，我再做道理。寒号虫还说是“得过且过”哩。（《醒世姻缘传》六五回）

【越经过风雨的草越兴旺，越经过苦难的人越坚强】

指优秀人才的顽强品格，是在艰难困苦中磨炼出来的。

{例} 咱们蒙古人有句俗话：“越经过风雨的草越兴旺，越经过苦难的人越坚强。”好小子，长得像个二岁的牛犊了！（杨平《向东方》一五章）

【战斗环境出英雄，艰苦条件出智慧】

指战争年代容易造就英雄人物，艰苦卓绝的环境能激发出人的聪明才智。

{例} 我们相信你们五五〇团，会像钉子钉在青龙口，谁也拔不掉！常言说：“战斗环境出英雄，艰苦条件出智慧。”（齐振夏《长空风雨》二四）

【真金不怕火炼】

真金子不会被烈火熔化。比喻优秀的人才不会被困难击垮。

{例} 不同的领域有不同的实践；但是，无论实践的形式如何，检验却必不可少。中国谚语有“真金不怕火炼”，就是讲的检验。(杨叔子等《创新之根在实践》)

提示：此谚也说“真金不怕火”“真金不怕火炼，好货不怕试验”“真金不怕火炼，好媳妇不怕人看”。

【智如禹汤，不如尝更】

禹汤：夏禹和商汤。尝更：一作常耕。即使有夏禹、商汤一样的智慧，也不如经常耕作的老农经验多。指即使智慧超群，也比不上勤于实践的人。

{例} 谚曰：“智如禹汤，不如尝更。”是以樊迟请学稼，孔子曰：“吾不如老农。”然则圣贤之

智，犹如所未达，而况于凡庸者乎！故曰："三折肱知为良医。"又曰："亡羊治牢，未为晚也。"（宋·陆佃《埤雅·释兽·羝》）

【赘文千篇，不如一举】

赘（zhuì）：多余的。写千篇无用的文章，不如一次实际的行动。指与其夸夸其谈，不如实干。

{例} 俗话说："赘文千篇，不如一举。"先生若能与这等好男儿联合，何愁中国革命之大业不成！（曾德厚《铁血大丈夫》六回）

【自古英雄多磨难，从来纨绔少伟男】

纨绔：有钱人穿的细绢裤子，借指富贵人家的子弟。伟男：有抱负有才干的男子。自古以来，英雄人物总要经历许多折磨和苦难，富贵人家的子弟很少出现有抱负有才干的男子。指要成为卓越的英雄人物必须经历挫折和苦难。

{例} 逆境对立志成才者是一种打击，但也是一种锻炼。"自古英雄多磨难，从来纨绔少伟男。"（蓝潮《成才诡智》）

提示：此谚也说"自古纨绔少伟男""自古英雄多磨难"。

七、谨言慎行

【百语不如一默，百动不如一静】

说许多无用的话不如沉默，多次盲目行动不如静候。指不合适的话不如不说，没把握的事不如不做。

{例} 谚有之："百语不如一默，百动不如一静。"炎曰："己可静，不能必人之静也；己可默，不能必人之默也。"（宋·刘炎《迩言·践行》）

提示：此谚告诫我们，为人处世一定要谨言慎行，谨言慎行可以少出差错。

【闭口深藏舌，安身处处牢】

指谨慎地闭着嘴不说话，就不会招惹是非，才能够安然过日子。

{例} 自此阿寄听了老婆言语，缄口结舌，再不干预其事，也省了好些耻辱。正合着古人两句言语，道是：闭口深藏舌，安身处处牢。（《醒世恒言》卷三五）

提示：此谚也说"牙舌两不动，安身处处牢"。

【病从口入，祸从口出】

生病多是因为饮食不当，灾祸发生多是因为说话不谨慎。劝诫人说话要慎重，以免招来灾祸。

{例} 林志超傻就傻在喜欢独立思考，喜欢标新立异，发表一些不见条文不载经传的论调，喜欢表现自己的心解。他不懂得病从口入，祸从口出。（黎汝清《皖南事变》七章一）

提示：此谚也说"祸从口出，病从口入"。

【不蹈无人之室，不入无人之门】

蹈（dǎo）：踩。不要随便走进没有人的屋子，以免带来麻烦。指行事要小心谨慎，避免引起人们的怀疑，招惹是非。

{例} 俗谓"不蹈无人之室，不入无人之门"，因为屋内无人，万一屋内失窃或有什么不幸的事发生，自己进去了，也就说不清楚了。（肖业炎《民俗大通书·交际民俗篇》）

【传言过话，自讨挨骂】

过话：传递话语。指传递闲话、搬弄是非会招人辱骂。

{例} 你可知“传言过话，自讨挨骂”啵！所以今日之事，只当阿姨跟你谈谈家事，就莫向别人讲罗！（周肖《霞岛》二章）

提示：此谚告诉我们，搬弄是非有碍于别人正常的生活、工作，同时也会使自己招来挨骂受辱之祸。所以言行需谨慎。

【对不识字人，莫作才语】

对不认识字的人，不要谈论高雅不通俗的艺术话题。指说话要看清对象。

{例} 语云：“对不识字人，莫作才语。”读书人不可不知。（清·宣瘦梅《夜雨秋灯录·续录》卷三）

【多言获利，不如默而无言】

多说话获得的利益不如一言不发得到的好处多。指在某些时候，沉默更重要。

{例} 当时黄盖谓孔明曰：“愚闻多言获利，不如默而无言。何不将金石之论为我主言之，乃与众人辩论也？”（《三国演义》四三回）

【多言众所忌】

忌：忌讳，憎恶。指说话过多，免不了有说的不合适的地方，就会招人厌嫌。

{例} 妈妈劝住，叫道：“孩儿，爹娘只因你口快了愁！今番只是少说些。古人云：‘多言众所忌。’到人家只是谨慎言语，千万记着！”（《清平山堂话本·快嘴李翠莲记》）

【多指乱视，多言乱听】

视：察看，审察。听：这里指判断。指点的人多了，会干扰人的审察力；发表意见的人多了，会扰乱人的判断力。指对大家的话要善于分析，择优而用，切不可盲从。

{例} 加之爱恶交攻，意见横出，谗言微中，飞语流传，寻之莫究其端，听者不胜其眩……语曰：“多指乱视，多言乱听。”此最当今大患也。（明·余继登《典故纪闻》卷一八）

【阿谀没有牙齿，但能把骨头啃断】

阿谀(ē yú)：说好听的话，迎合别人。指阿谀奉承最害人。

{例} 媚言听多了，就容易使

人发晕，脑子就不那么清醒了，就可能看错人，说错话，做错事。民间谚语说：“阿谀没有牙齿，但能把骨头啃断。”（刘福奎《警惕谄媚之流》）

提示：此谚也说“阿谀没有牙齿，却能把骨头咬断”。

【恶言伤心，恶行伤身】

恶毒的话语伤害人的心灵，恶劣的行为伤害人的身体。告诫人要存有善心，不要伤害人。

{例} 罪过，罪过！恶言伤心，恶行伤身。善有善报，恶有恶报。你一意孤行，咎由自取！（《锦毛鼠白玉堂》三〇章）

【凡事三思而后行】

所有的事都要经过再三考虑后才能行动。劝诫人做事要谨慎。

{例} 既然仗你豪势，救了人来，凡事三思而后行，再思可矣。（《水浒传》三三回）

提示：此谚出自《论语·公冶长》：“季文子三思而后行。”此谚也说“凡事要三思而行”“三思而后行”。

【逢桥须下马，过渡莫争先】

遇到桥应该下马步行，渡河时不要争抢上船。劝诫人出门走路不要争抢，要注意安全。

{例} 你未晚先投宿，鸡鸣起看天。逢桥须下马，过渡莫争先。古来冤枉事，皆在路途间。（明·柯丹邱《荆钗记》一五出）

提示：此谚也说“逢桥须下马，有路莫登舟”。

【逢人不说人间事，便是人间无事人】

不随便议论他人是非，就不会给自己带来麻烦。指人际交往中，尽量不要说别人的闲话。

{例} 唐人诗句中，用俗语者，惟杜荀鹤、罗隐为多。杜荀鹤诗：“逢人不说人间事，便是人间无事人。”（宋·王楙《野客丛书》卷一四）

【福来不容易，祸来一句话】

得到幸福非常不易，可一句话不慎便会招来大祸。告诫人说话要慎重，免招灾祸。

{例} 卖醪糟的一边上铺板，一边劝老杨：“兄弟，快走吧。福来不容易，祸来一句话呀！”（张恩忠《龙岗战火》一章一）

【瓜田不纳履，李下不整冠】

纳履(lǚ)：穿鞋。整冠：整理帽子。到了瓜田里不要提鞋，避免别人怀疑摘瓜；走到李子树下不要整理帽子，避免别人怀疑摘李。比喻做事要小心避嫌，以免招惹是非。

{例} 张胜道："使不得！第一家中母亲严谨，第二道不得'瓜田不纳履，李下不整冠'，要来张胜家中，断然使不得。"(《警世通言》卷一六)

提示：此谚出自古乐府《君子行》："君子防未然，不处嫌疑间；瓜田不纳履，李下不整冠。"此谚也说"瓜田不纳履""瓜田不纳履，梨下不正冠""经瓜田不蹑履，过李园不正冠"。如果说"瓜田李下"，则为成语。

【观棋不语真君子，把酒多言是小人】

观看他人下棋不多说话才是真正的君子，喝酒时胡言乱语的人是令人生厌的小人。指在一些重要的场合说话要谨慎，不要随便干扰别人的思路或主张。

{例} 常言道：旁观者清，当局者迷。倘或旁观的口嘴不紧，遇煞着处溜出半句话来，赢者反输，输者反赢，欲待发恶，不为大事；欲待不抱怨，又忍气不过。所以古人说得好：观棋不语真君子，把酒多言是小人。(《醒世恒言》卷九)

提示：此谚也说"观棋不语真君子，看着多言是小人"。

【过河探深浅，走路看高低】

指做事之前要仔细观察，摸清情况后再开始行动。

{例} 文古今瞅着孙六儿，道，"不过，孙六哥是个心粗性急的人，要惦着'过河探深浅，走路看高低'"！不要大意了。(何岳《三军过后》一五)

【过头饭儿难吃，过头话儿难讲】

过头饭：烧焦的饭。烧焦的饭不好吃，超过分寸的话或夸口的话不该说。指说话要把握分寸。

{例} 银角大仙道："师弟哩！过头饭儿难吃，过头话儿难讲也。难道你就拿得他来？"(《三宝太监西洋记》六九回)

提示：此谚也说"过头饭好吃，过头话难说"。

【好猫不做声】

会捉老鼠的猫捉老鼠时不发

出声响。比喻有真本事的人做事低调，不张扬。

{例} 谚云："好猫不做声。"非谓无声，若一做声，则猛烈异常，甚有使鼠闻声惊堕者。（清·黄汉《猫苑》卷上"灵异"）

【话从两面说】

从多方面考虑后，再说话或做事。指说话做事要考虑周到而全面。

{例} 那是我的房子，我能不心疼吗？当然心疼！可是，话得从两面说，招弟现在做着他们的事，而他们又住着我的房子，这不是越来越亲热，越有交情吗？一定！（老舍《四世同堂》七一）

【话到舌尖留半句，事从礼上让三分】

指说话做事要把握分寸，遵从礼仪，留有余地。

{例} 我出家人以慈悲为门，善念为本，说话要留口德，不能明说，常言道"话到舌尖留半句，事从礼上让三分"。（《济公全传》一四一回）

提示：此谚也说"话到唇边留半句""话到舌尖留半句""话到嘴边留半句""话到嘴边留三分"。

【话多惹事多】

说话多了容易招惹是非。劝诫人尽量少说话，说话时要谨慎。

{例} 王昭君：萧正使一路上告诉我，要入境问俗，要少说话，话多惹事多。（曹禺《王昭君》三幕）

【话少是贵人】

话语少的人，常常被认为是有身份的人。指水平高、有修养的人常常不轻易发表意见。

{例} "他说三个月的话，不够我说一天的。""话少是贵人。"（刘绍棠《京门脸子》三章六）

提示：此谚也说"贵人语迟""贵人话少"。

【话说三遍淡如水】

话说过多遍，就跟水一样淡然无味。指一件事反复说，就会令人生厌。

{例} 有新对住全小的耳朵，说："动不动就是长毛杀人成千上万，血流成河，他妈，他见来！话说三遍淡如水，再说三遍不如狗臭屁。我听过他这次，足足有五百八十回啦。"（刘江《太行风

云》九）

提示：此谚也说“好曲子唱了三遍，也要口臭了”“胶多了不黏，话多了不甜”。

【话想三遍，稳；绳捆三道，紧】

经过反复思考说出的话，就比较稳妥；绳子多捆几道，就不会散开。劝人要想好再说话，尽量严谨。

{例} 说话随便的人，免不了要失言出错，不见人常说的：“话想三道，稳；绳捆三道，紧！”（郑超群《说话的艺术》二）

【话要说到心上，肥要追到根上】

说话要说到人的心坎上，施肥要施到禾苗的根上。指说话要合乎别人的心思，才能打动人。

{例} “话要说到心上，肥要追到根上。”“开沟施肥一条线，棉花结桃成串串。”（吕志堂《棉田备耕》）

【话有三说三解】

同样一句话，有多种说法，也有多种的理解。劝人说话要清楚准确，以免被人误解。

{例} 都说：“话为心声。”水深易测，人心难量，因此话有三说三解这句谚语，实实地真着呢。（董均伦等《颜回解围》）

【祸不入慎家之门】

慎：谨慎。灾祸不进入小心谨慎人家的家门。指为人谨慎的人家，不会招来灾祸。

{例} 夫陵谷好迁，乾坤忌满，哀乐不同而不远，吉凶相反而相袭。故有全中卒行，用心于不事之场，杜渐防微，投机于知几之地，昔之善持满者，用此者也。谚曰“祸不入慎家之门”，前代有以之兴矣。（唐·王勃《平台秘略论》）

提示：此谚也说“祸不入六慎门”。

【见着秃子不讲疮，见着瞎子不讲光】

在不长头发的人面前不说疮癣；在失去视力的人面前不说光亮。指说话要注意避免说到别人的禁忌和隐私。

{例} 有的事，该直言的就直言，该回避的就回避，这不能一概而论。俗话说：“见着秃子不讲疮，见着瞎子不讲光。”（吕鉴生《直言与忌语》）

【交浅不言深】

交：交情，友谊。跟交情浅的人不谈心里话。指在没有深交的人面前说话要小心，不要完全暴露自己的内心和隐私。

｛例｝但只是素不相识初见面，怎么好突然开口论婚姻。他又在惶惶未定惊慌际，常言说："交浅不言深。"且自开谈盘问话，探他的居址与深心。（《绘图第一奇女》三七回）

【紧行无善踪】

走路太着急，步子就不稳当了。比喻办事太匆忙，就可能出差错。

｛例｝你这一去少主吉多主凶，则宜止不宜动。可不道箭安弦上慢张弓，方信道紧行无善踪。（元·无名氏《小尉迟》一折）

提示：此谚也说"紧行无好步"。

【谨慎无大差】

指处处小心谨慎行事，就不会出大的差错。

｛例｝李渊道：谨慎无大差，就着李世勣（徐茂公）为副，率兵东征。（玉恒等《魏徵秘史》二七回）

【静坐常思己过，闲谈莫论人非】

一个人静坐时应该常常思考自己的失误，与人闲聊时不要谈论他人的是非。指人要经常自省，少议论别人的事情。

｛例｝静坐常思己过，闲谈莫论人非。这是叶挺的优点，也是他的缺点。（黎汝清《皖南事变》八章一）

提示：此谚也说"闷坐常思己过，闲谈莫论人非""闲谈莫论他非"。此谚告诫我们，一定要多反思自己，少批评别人，以免祸从口出。

【君子无戏言】

指人格高尚的人不随便许诺，说话算话。

｛例｝前几天万大人和林大人在这里吃酒的时候，不是夸奖了我一阵子，要荐我去做一个小知事吗？他说这个话呢，我就相信他君子无戏言。（张恨水《京尘幻影录》五回）

【开口不如闭口稳，入头方见出头难】

入头：开始做事。出头：做完事情。遇事不表态最为稳妥，着手做事才知做好不易。劝人遇事不要轻易表态，以免惹出麻烦。

{例} 云程喜曰："未访蛾眉，先探虬髯邦。既是前代奇人之后，去会会倒不妨。"仁翰蹙眉答曰："慢言不妨，还恐开口不如闭口稳，入头方见出头难。"（《闽都别记》一四七）

【口快舌长能坏事】

指爱说长道短的人，到处乱讲乱说，能把事情搞坏。

{例} 这贱人十分放肆实堪憎，平常必定无家训，日后悛改恐未能。常言道："口快舌长能坏事。"他必然讹诈多端不老诚。（《绘图第一奇女》二一回）

【口如扃，言有恒；口如注，言无据】

扃（jiōng）：门闩。嘴巴像插了闩的门一样紧闭，说的话就可信；嘴巴像流水一样滔滔不绝，说的话就不可信。指不轻易发表意见的人说出话来比较可靠。

{例} 妇教有四，言居其一，心应万事，匪言曷宣。言而中节，可以免悔，发不当理，祸必随之。……又曰："口如扃，言有恒；口如注，言无据。"甚矣，言之不可不慎也。（明·仁孝文皇后《内训·慎言》）

【口是伤人斧，言是割舌刀】

不合适的话语像刀斧一般可以伤人。劝人说话要谨慎小心，不要以言语伤人。

{例} 这真是：竹篮打水落空忙。都说，口是伤人斧，言是割舌刀，这一天，孔子听到言语，比盗跖说得更叫他失意呃！（董均伦等《孔子世家——九十九个半故事》）

提示：此谚也说"口是伤人斧，唇是割舌刀""口是伤人虎，言是割舌刀"。

【理不通，行不正】

指道理上讲不通，行为就不可能端正。

{例} 他热情地对我说："马师爷，你讲的真是清似水，明似镜，道眼顺，情理通。俗话说，'理不通，行不正'。行不正，胡乱碰。碰好了，是侥幸；碰不好，白送命。"（曲波《桥隆飙》六）

【理直千人必往，心亏寸步难移】

说的做的有道理，许多人就都会朝那个方向走；如果理亏了，那自己也一步都难以移动。指做事要光明磊落，理直气壮。

｛例｝陆婆向来也晓得儿子些来踪去迹，今番杀人一事，定有干涉，只是不敢问他，却也怀着鬼胎，不敢出门。正是：理直千人必往，心亏寸步难移。（《醒世恒言》卷一六）

【力能胜贫，谨能胜祸】

辛勤劳作可以战胜贫困，谨慎行事可以避免灾祸。指勤劳谨慎是治家之本。

｛例｝《齐民要术》：“传曰人生在勤，勤则不匮。古语曰‘力能胜贫，谨能胜祸’。盖言勤力可以不贫，谨身可以避祸。”(元·王磐《农桑辑要》卷一)

提示：此谚也说“力胜贫，谨胜祸”。

【流丸止于瓯臾，流言止于智者】

流丸：滚动的弹丸。瓯臾(ōu yú)：瓯、臾均为瓦器，这里指洼陷不平的地形。滚动的弹丸滚到洼陷不平处会停止，没有根据的话传到智者那里便不再传播。指有智慧的人不会被谣言所迷惑。

｛例｝语曰：“流丸止于瓯臾，流言止于智者。”此家言邪学之所以恶儒者也。是非疑，则度之以远事，验之以近物，参之以平心，流言止焉，恶言死焉。(《荀子·大略》)

提示：此谚也说“流言止于智者”。

【六月好合酱，切忌著盐多】

合酱：做酱。酱馅做成以后，需要搅拌均匀放在烈日下曝晒。炎热的六月适合做酱，但要特别注意避免放入过多的咸盐。指即使在有利的情势下说话或做事，也要注意把握分寸，以免过度而造成不良后果。

｛例｝广德军光孝悟初首座，分座日示众，举风幡话，至仁者心动处，乃曰：“祖师恁么道，赚杀一船人。今时衲僧，也不可恁么会。既不恁么会，毕竟作么生？”良久曰：“六月好合酱，切忌著盐多。”(宋·普济《五灯会元》卷一八)

提示：此谚告诉我们，平时要养成良好习惯，说话时要注意场合和时机；在有利的情况下，更要小心把握分寸，以免大意犯错。

【没有脏东西，就不怕胰子水】

胰(yì)子：肥皂的俗称。指只要自己作风正派、行为端正，就不怕外面的流言蜚语。

{例} 我怕他们吗？反正我立得正就不怕影儿斜，既没有脏东西，就不怕胰子水！（秦兆阳《在田野上前进》一二章）

【名帖儿要正，脚跟儿要稳】

名帖：明清时官场拜谒，用红纸书写名衔，叫名帖。指只有自己为人正派，别人才不会指指点点，才能站得住脚。

{例} 小媳妇说，“名帖儿要正，脚跟儿要稳，衣服是要自己穿破，不能叫人从背后指点破！”（孙犁《风云初记》四九）

【拿得住的是手，掩不住的是口】

人容易管住手，不随便拿别人的东西；但常常遮掩不住嘴，说话随便。指要保守秘密，先管好自己的嘴。

{例} 吩咐安童庄客等，不许向外人面前多嘴饶舌，常言道：“拿得住的是手，掩不住的是口。”家主恁般吩咐了，一般又有忍嘴不牢的，做新闻异事，说将出去。（《平妖传》一四回）

【男儿没信，寸铁无钢；女人无性，烂如麻糖】

男子不讲信用，就像钝了的铁器一样没有用处；女子性格不刚强，就像烂麻糖一样立不起来。指人做事要守信，性格要刚强。

{例} 盆儿罐儿都有耳朵。你有要没紧和这小厮缠什么，教奴才们背地排说的磣死了。常言道：男儿没信，寸铁无钢；女人无性，烂如麻糖。其身正，不令而行；其身不正，虽令不行。你若长俊正条，肯叫奴才排说你？（《金瓶梅》八五回）

提示：此谚也说“男儿无性，钝铁无钢”“男人无刚，不如粗糠”“女子无性，乱草漫秧；男儿无性，钝铁无钢”。

【宁吃过头饭，莫说过头话】

过头饭：超过正常饭量的饭。饭吃多了不要紧，说话不符合事实，就会惹人笑话。指说话要实事求是，不要夸张渲染。

{例} “你们如果造一条河，奶奶饭不吃，一口气把它喝干！”“奶奶啊，宁吃过头饭，莫说过头话。人家要七八千亩田哩，喝干？”（刘澍德《同是门前一条河》）

【宁走十步远，不走一步险】

为了安全，宁肯绕远多走几步，也不抄近道涉险。指做事要力求安全稳当，不冒险。

{例} 咱们与其涉险，莫若绕远。俗语说得好：“宁走十步远，不走一步险。”小弟意欲从五峰岭的山后上去，大约再无妨碍。(《三侠五义》一一回)

提示：此谚也说“宁绕十步远，不走一步险”“宁走十步远，别走一步险”。

【劈柴看纹理，说话凭道理】

如同劈柴要顺着纹理一样，说话也要遵循道理。指说话办事要以理服人。

{例} “劈柴看纹理，说话凭道理”，他的一贯想法是：家庭纠纷应当化解，结案方式能用调解就不用判决，以避免家庭矛盾升级。(小文《家乡的法官真好!》)

提示：此谚也说“劈柴看纹理，讲话凭道理”“桥要架在水上，话要说在理上”。

【漂亮话好说，漂亮事难做】

话说得好听容易，但事情干得出色很难。指行动胜于语言。

{例} 漂亮话好说，漂亮事难做。不能光听他说得天花乱坠，关键要看他能不能兑现，最后要拿成果说话！(秦虹《从小事做起》)

【平生最爱鱼无舌，游遍江湖少是非】

一生最喜爱没有舌头的鱼儿，游走到哪里都不会惹出麻烦。指说话谨慎可避免许多矛盾纠纷。

{例} 中国人希望在自己的生活圈子里尽量少结对头冤家，得罪一人容易，结识一人难。所以古人感叹道：“平生最爱鱼无舌，游遍江湖少是非。”(殷昆《厚道为人成功学·好好先生不结冤家》)

【墙里讲话墙外听】

无论在多么机密的地方说话，也有可能被人听到。劝诫人说话要谨慎、警惕。

{例} 墙里讲话墙外听。姚殿臣以为他在杨树趟子低声和二破车讲话，没人听见。其实，这工夫却有两个人看了他们的“葫芦戏”。(张国庆《亲仇》二七章)

提示：此谚也说“墙里说话墙外听”“墙里说话墙外听，道边说话草棵听”“墙里说话，墙外有耳”“墙里说话，墙外有人”

"墙里人说话，墙外有人听""山前讲话，山后有人"。

【情知语是钩和线，从头钓出是非来】

情知：明知。要知道说话就像钓钩和网线，一不小心就会惹出麻烦来。告诫人说话要小心谨慎。

{例} 段景住言无数句，话不一席，有分教，宋江调拨军兵，来打这个去处。重报旧仇，再雪前恨。正是：情知语是钩和线，从头钓出是非来。（《水浒传》六七回）

提示：此谚也说"情知语似钩和线，从头钓出是非来""情知语是针和线，就地引起是和非""情知语是针和线，就此引出是非来"。

【人串门子惹是非，狗串门子挨棒槌】

串门子：到别人家里闲转、聊天。棒槌：洗衣服捶打时用的木棒。随意到别人家闲转、聊天容易招惹是非麻烦，就像狗往别人家乱跑就会挨打一样。指经常游门串户说闲话，会招惹出是非麻烦来。

{例} 其实石锁串门从来也没敢起邪念，但是人家肚里就是容不下他，有什么办法？这时候，他才真正理解了奶奶说过的一句话：人串门子惹是非，狗串门子挨棒槌。（赵万文《苦乐人生》）

【人生七尺躯，畏此三寸舌】

三寸舌：借指说话。人虽然身材高大，最怕的还是口里说话的舌头。指说话做事要小心，以免说错话而招致灾祸，或者因做错事而被别人议论。

{例} 唐许敬宗尝答太宗曰："谚云，'人生七尺躯，畏此三寸舌'。"（清·胡式铨《窦存》卷四）

【人生丧家亡身，言语占了八分】

丧家：丧失家庭。亡身：丢掉性命。人一辈子遭受的灾祸，多半是说话不慎重招来的。告诫人说话要小心谨慎，以防引祸上身。

{例} 言语最要谨慎，交游最要审择。又云："人生丧家亡身，言语占了八分。"（清·席文舆《畜德录·处世》）

【人心藏在嘴后边】

指人们内心的想法和嘴里说的常常不一致。指不要轻信别人的话。

{例} 你说过天知、地知、鬼知。真的，人心藏在嘴后边，瞎话、真话，全凭心的指派。（纯民《凤凰山恩仇》三章三）

【人在和蔼的话前屈服，马在柔嫩的草地上打滚】

人听到和气顺耳的话语常常愿意顺从，如同马喜爱在柔和鲜嫩草地上打滚一样。指温和贴心的话语更能够打动驯服人。

{例} 领导者在阐述道理、协调关系时，用上一些带有地方特色的亲切的谚语，远远胜过空洞的政治说教，且生动形象。如“朋友多的人，像草原一样辽阔；朋友少的人，像手掌一样狭窄”“只要功夫到，奶茶自然开”“人在和蔼的话前屈服，马在柔嫩的草地上打滚”等等。（梁国藩等《领导语言艺术实用全书》上篇六章）

【若能放手和闭口，百岁安宁有八九】

如果心里能放下一些事情，少说招惹是非的话语，就能基本保障一生的安定宁静。指人要保证生活安定、健康长寿，就要少操心、少管事、少说话。

{例} 劝列位须学杨宝这等好善行仁，莫效那少年招灾惹祸。正是：得闭口时须闭口，得放手时须放手。若能放手和闭口，百岁安宁有八九。（《醒世恒言》卷六）

【若欲不忙，浅水深防；若欲无伤，小怪大禳】

禳(ráng)：通过祈祷祭祀等活动除邪消灾。要想不出差错，过浅水也要当深水提防；要想不受伤害，遇到小的怪异之事，要当成大事一样禳除灾祸。指无论做什么事，不管大小，都要细心谨慎。

{例} “不踬于山而踬于垤”“若欲不忙，浅水深防；若欲无伤，小怪大禳”，这两个谚语，就说明了随时提高警惕的必要，提醒我们即使在顺境中也不要麻痹。（王毅《略论中国谚语》六）

【三寸舌为诛命剑，一张口为葬身坑】

说出的话是诛杀自身性命的利剑，一开口就挖下了埋葬自己的深坑。比喻说话不慎会招来杀身之祸。

{例} 古人云：祸福无门，惟人自找；披麻救火，惹焰烧身。正是：三寸舌为诛命剑，一张口为葬身坑。（《水浒传》二一回）

提示：此谚也说“口言是亡身祸”。

【善言不离口】

指经常说对人对己都有益处的话，不说伤人的话。

{例} 语云：“善言不离口。”人无智愚，早有习俗，游谈野语，溺心滋多，但使意中口中不离善言，何悖谬太甚，无他，先入者为主也。（清·林伯桐《古谚笺》序）

【舌是斩身刀】

说话不小心会招来杀身之祸。告诫人说话要谨慎，以免招来灾祸。

{例} 〔尧民歌〕哥哥你养侍白头娘，我在死囚牢。常言道：“舌是斩身刀。”当年祸福不相交，今日官门有苦落。（元·无名氏《替杀妻》三折）

提示：此谚也说“舌果是斩身刀”“舌为斩身刀”。

【舌头底下压杀人】

杀：死。指流言蜚语能置人于死地。

{例} 虽蒙老兄拔救，但他寡妇人家的女儿，当不得外人谈论，俗说“舌头底下压杀人”，老兄高明之士，求详察。（《梼杌闲评》一一回）

提示：此谚也说“房倒压不杀人，舌头倒压杀人”“舌头根子下能压死人”“舌头尖子能压死人”“舌头片子压死人”。

【舌头是扁的，说话是圆的】

指同样一件事，说话人从不同的目的出发，可以从不同的角度分析和解释。

{例} 你不看见今天《自由谈》上止水先生的文章中引着那几句俗语吗？“舌头是扁的，说话是圆的”，难道你以为从读者的讨论中会有真是非产生出来？（施蛰存《推荐者的立场》）

【舌为利害本，口是祸福门】

言语表达能够带来利益，也能够招来灾祸。告诫人说话要小心谨慎。

{例} 不想因这句错话上，得罪了知县，后来把天大家私，弄得罄尽，险些连性命都送了。正是：舌为利害本，口是祸福门。（《醒世恒言》卷二九）

【舌为柔和终不损，齿因坚硬必遭伤】

舌头柔软和顺，就始终不会

受到损伤；而牙齿太过坚硬必定遭受损害。指为人处事小心忍让，说话温和，自身就不会受到伤害；反之态度过于强硬就会带来灾祸。

{例} 平生作善天加福，若是刚强受祸殃。舌为柔和终不损，齿因坚硬必遭伤。杏桃秋到多零落，松柏冬深愈翠苍。（《水浒传》二七回）

【狮舞三趟无人看，话说三遍没人听】

狮子舞得再出色，多次表演也没人喜欢看；话说得再动听，反复絮叨也会使人生厌。指说话做事要有新意，不要重复多次。

{例} 俗话说："狮舞三趟无人看，话说三遍没人听。"何况本来就是没盐没酱的淡话呢？（刘彦林《春风得意》三章）

提示：此谚告诉我们，说话反映一个人的智慧，言之有物是说话智慧的充分体现。

【食多伤身，话多伤人】

食物吃得太多会损害人的身体，话说得太多会伤害人的情感。告诫人说话要注意分寸，不要太随意。

{例} 看看，我早就说你弄不到好儿上！你觉得人家都像你这样竹筒倒豆子？俗话说："食多伤身，话多伤人。"这不，还是把人家得罪了。（陆丁《"二蛋"轶事》）

提示：此谚也说"话过千言，不损自伤""口吐千言，不损自伤""日出万言，必有一伤"。

【使口如鼻，至老不失】

让嘴巴像鼻子一样不说话，那么活到老也不会因说错话而惹祸。指说话谨慎会减少失误，不招灾祸。

{例} 杜恕《体论》曰："柬修之业，其上在于不言，其次莫如寡知也。故谚曰，'使口如鼻，至老不失'。"（唐·欧阳询等《艺文类聚》卷一七）

【守口如瓶，防意如城】

像瓶口塞紧了一样，管住嘴巴不多说一句话；像守城御敌一般，遏制住思想中的杂念。指不该说的话一句也不多说，严格控制私欲，一点也不能让其膨胀。

{例} "守口如瓶，防意如城"，小心也。（清·林伯桐《古谚笺》卷九）

提示：此谚出自唐·道世《法

苑珠林·惩恶》："故知洁其心而净其意者，则三涂报息，四德常满，防意如城，守口如瓶，可谓金河遗寄，属在伊人，玉门化广，信于斯矣。"

【守口如瓶，灾祸不生】

嘴巴像瓶口塞紧了一般，不多说一句话，灾祸自然不会发生。比喻说话要谨慎，才能避免灾祸发生。

{例} 人家问他什么天机？他便当街摇动串铃，向天唱着咒语，然后对众说道："病从口入，祸从口出。守口如瓶，灾祸不生。"(巴人《莽秀才造反记》一五章)

【说者无心，闻者刺骨】

说话的人本是脱口的一句话，却常使听者伤心不已。告诫人说话应谨慎，不要随意伤人。

{例} 奉劝天下人，遇到寒士万不可拿言语去嘲笑他。说者无心，闻者刺骨，逞一时快意之谈，贻异日杀身之祸，这是何苦呢？(《梼杌萃编》一八回)

【甜言美语三冬暖，恶语伤人六月寒】

三冬：古代把一年分为四季，每一个季节又分为孟、仲、季三段，三冬泛指冬季。甜美的语言，即使在寒冬也会让人觉得温暖；伤害人的话语，即使是盛夏也会让人觉得寒冷。告诫人们说话要讲究方式方法，多讲暖人的贴心话，不说伤害人的话。

{例} 你去到后边，把恶气儿揣在怀里，将出好气儿来，看怎的与他下个礼，赔了不是儿罢。你我既在檐底下，怎敢不低头。常言甜言美语三冬暖，恶语伤人六月寒。(《金瓶梅》七六回)

提示：此谚也说"好话入耳三冬暖，冷言出唇六月寒""好话一句三冬暖，恶言出唇六月寒""好话一席三冬暖，恶语半句六月寒""好话一句三冬暖，恶语伤人六月寒""良言一句三冬暖""甜言美语三冬暖，一句伤心六月寒"。

【为人莫作亏心事，何必遑遑自吃惊】

遑遑(huáng)：惊恐不安的样子。没做昧良心的事，就没有必要整日惊慌不安吓唬自己。指只要不做亏心事，就会心情安宁，处事泰然。

{例} 望夫人于将军前美言宽

宥我二人，当结草衔环。〔旦〕二位请起，我见将军，自有道理。青骢皂盖紫霓旌，特送夫人事远行。为人莫作亏心事，何必遑遑自吃惊。（明·张四维《双烈记》二二出）

【无心人说话，只怕有心人来听】

说话的人没有恶意，只是担心听话的人有心。劝诫人说话要谨慎严谨，不要无意说错话或给人造成误解。

{例} 从来俗语说得再不错，道是：无心人说话，只怕有心人来听。何况是两个有心的装作个无心的彼此一答一合说话。（《儿女英雄传》一七回）

【小心没过逾的】

过逾：过分、过错。指万事只要小心从事，就不会出什么差错。

{例} 宝钗笑道："小心没过逾的。你瞧你们那边，这几日七事八事，竟没有我们这边的人，可知这门关的有功效了。"（《红楼梦》六二回）

提示：此谚也说"小心没大岔""小心没大差""小心无大错""小心不为多余""小心没有不是"。

【小心驶得万年船】

指做事小心谨慎，就可保长久平安。

{例} 这确是一份将生命当赌注的职业。不过老爸成日叫我谨记，"小心驶得万年船"，我自己做一日和尚敲一日钟罗！（南洋《目睹香港女蛇王周嘉玲》）

【小心天下去得，大胆寸步难行】

指小心谨慎，就能闯荡世界；莽撞冒失，就会处处受阻。

{例} （末）列位，夜深了，请睡罢。（小生）今夜店中人杂，不免解开了包，把银子袋儿放在枕头底下睡。"小心天下去得，大胆寸步难行。"（明·沈受先《三元记》一四出）

提示：此谚也说"小心天下去得""小心天下去得，莽撞寸步难行"。

【严婆不打哑媳妇】

哑：形容不说话。再严厉的婆婆，也不会责打听话而不多言的媳妇。泛指说话谨慎，就不会引发矛盾，招来祸端。

{例} 她像当娘的一样，又嘱咐元英："回了人家家，可要少说一句，家常话，严婆不打哑

媳妇。”（刘江《太行风云》一六）

【言可省时休便说，步宜留处莫胡行】

休：不要。宜：应当。能不说的话不要随意说出来，不该去的地方不要随便乱跑。指遇事言语要小心，行动要谨慎。

{例} “言可省时休便说，步宜留处莫胡行。”细忖就是针对好事者而言的吧，许是前人也吃了好事者的亏，故而总结了告诫诗词，须得处处小心提防。（云淡《好事者》）

【盐多了不咸，话多了不甜】

盐太多了就不觉得咸，话太多了人不爱听。指说话要少而精，否则会招人讨厌。

{例} 盐多了不咸，话多了不甜。你少说几句，变不成哑巴。（李英儒《女游击队长》一三章）

提示：此谚也说“盐多发苦，话多没用”。

【一句非言，折尽平生之福】

非言：错话。折(zhé)：折损。说错一句话，会把一辈子的福分都折损了。指说话要谨慎，不可随意乱说招来灾祸。

{例} 小小年纪，要往忠厚处积泊，不要一句非言，折尽平生之福。（《醒世姻缘传》一五回）

提示：此谚也说“一句妄言，折尽平生之福”。

【一落言语，便惹葛藤】

葛藤：葛的藤蔓，缠绕树木等生长。指说话不小心，会惹出许多麻烦，如葛藤般纠缠不清。

{例} 又闻得“一落言语，便惹葛藤”，我与你这等吆吆喝喝，葛藤一发多了。我们如今只闭着嘴，使葛藤缠我们不着，包管一砍就断了。（《后西游记》一四回）

【欲人勿知，莫若勿为；欲人勿闻，莫若勿言】

莫若：不如。希望别人不知道自己做的事，自己就不去做；希望别人听不到自己说的话，自己就不要说。指做事或说话前一定要谨慎。

{例} 不困在于早虑，不穷在于早豫。欲人勿知，莫若勿为；欲人勿闻，莫若勿言。（汉·刘向《说苑·说丛》）

提示：此谚也说“若要不知，

除非莫为；若要不闻，除非莫说”“欲人不知，除非莫为”“欲人不知，莫若不为；欲人不闻，莫若不言”“欲人不知，莫若勿为”“欲人勿知，莫若勿为”。

【做人不要做绝，说话不要说尽】

指说话或做事应该把握好分寸，留有余地，不要太过分。

{例} 中国人常说：“做人不要做绝，说话不要说尽。”廉颇做人太绝，不得不肉袒负荆，登门向蔺相如谢罪。郑伯说话太尽，无奈何掘地及泉，隧而见母。(殷昆《厚道为人成功学·事不做绝，话不说尽》)

提示：此谚告诉我们，无论什么时候，都应把握好说话的分寸和行为的尺度，做到谨言慎行。

八、立志发奋

【悲伤忧愁，不如握紧拳头】

指伤心难过、忧虑愁苦都解决不了问题，不如立志发奋、积极行动。

{例} 咱山区有句俗话：“悲伤忧愁，不如握紧拳头。”我讲个映山红的故事给你听吧！（汝清《万山红遍》题记）

【遍地是黄金，缺少有心人】

指创造财富的机会很多，只是缺少善于发现的人。

{例} 这举手之劳而多得的好事，为啥偏让王佩峰给占了？遍地是黄金，缺少有心人，一语破的。（刘五栋《科技语丝》）

【不怕路远，只怕志短】

指困难、挫折并不可怕，怕的是人没有远大的志向。

{例} 俗话说：“不怕路远，只怕志短。”一个人有无成就，决定于他青年时期是不是有志气。不论是在过去旧社会或今天新社会，凡是那种马马虎虎，得一天过一天的人，总不会有什么出息的。（刘金海《议论文论证结构教程·附录》）

【不怕慢，只怕站】

不怕走得慢，就怕原地不动。泛指做事慢一些不要紧，贵在坚持。

{例} 有些人读书热情很高，但不能持久，结果收效甚微。俗话说，不怕慢，只怕站。如果你实在太忙，每天工作之余，挤30分钟来读书总是可以的吧。（彭子平《怎样读书收获大》）

提示：此谚也说“不怕慢，单怕站”“不怕慢，就怕站”“不怕慢，全怕站”。

【不怕没有机会，只怕没有志气】

指做事不怕没有机遇，就怕没有积极上进的决心与勇气。

{例} “不怕没有机会，只怕没有志气”——这句话似乎并不骗人。赵元生不久就得了个机会。（茅盾《少年印刷工厂》九）

【不怕难题目，只要有心人】

指只要有决心，多用心，再

难的事情也能办成。

{例} 寿姑请爹妈写了庚书，回到马家交与公公。青云素来晓得的，惊曰："怎么被你说成了！"正是：不怕难题目，只要有心人。少女嫁老汉，这才是新闻。(《跻春台·节寿坊》)

提示：此谚也说"万事就怕有心人"。

【不怕起点低，就怕不到底】

不怕基础差，就怕没恒心，不能坚持到底。指做事要持之以恒。

{例} 越是在遇到挫折、缺乏信心的时候，越要提醒自己："不怕起点低，就怕不到底。"(金马《青年生活向导·成才篇》)

【不怕人穷，就怕志短】

穷一些没关系，怕的是没有志气。指只要有志气，肯努力，就能发家致富。

{例} 常言说："不怕人穷，就怕志短。"咱是穷队，大家伙看见芒种和长水没明没夜地往前领着干，心里总觉得有个依靠。(刘沙《龙马精神》三)

【草有灵芝木有椿，禽有鸾凤兽有麟】

灵芝、椿木、鸾凤、麒麟分别是草、木、禽、兽中的优秀者。比喻各行各业都有卓越出众的代表。

{例} 端的是草有灵芝木有椿，禽有鸾凤兽有麟。必出众，更超群，为君子先从务本。(明·无名氏《龙门隐秀》楔子)

【初一扎针十五拔，强似挨门求人家】

扎针：指妇女做针线活。指靠自己努力，虽然慢也比到处求人好得多。

{例} 有一天，老婆梳着满头白发，自叹土已围着脖子，就把满心的话说给儿媳妇："初一扎针十五拔，强似挨门求人家。家常便饭吃得长，粗布衣裳穿得久，……过日子可得会精打细算啊！"(杜道德《腊八粥》)

【船的力量在帆上，人的力量在心上】

船要前进靠的是船帆，人要成功靠的是决心。指只要下定决心，志向坚定，就一定能成功。

{例} 我想方书记为什么净给我们泼冷水？也许是想看看我们的决心吧。我说："渔家有句俗话：'船的力量在帆上，人的力量在心上。'有决心就什么都能

干。”（黎汝清《海岛女民兵》九章）

【船怕没舵，人怕没志】

轮船如果没有舵盘，就无法控制方向，人如果没有志气，就干不成事。指人要想有所作为，就得有志气。

｛例｝“船怕没舵，人怕没志。”他又想起彭家大长腿和豆腐西施老四，他们能考，我为啥不能考？（杨大群《关东传奇》一章）

【大丈夫顶天立地】

指有志气的男儿，有能力，有担当，胸怀远大。

｛例｝长老道：“自古说得好，大丈夫顶天立地，终不然顶地立天。”（《三宝太监西洋记》一四回）

【大丈夫赌志不赌气】

赌气：因不满或受到指责而用任性的行动来发泄心中的怨气。指有作为的男儿比的是志气和理想，而不应赌一时之气。

｛例｝老人家，即使到官府告他不赢，也不该寻短见。常言说，“大丈夫赌志不赌气”嘛！（《包公案》一五回）

【但有路可上，更高人也行】

只要有路可走，再高的地方人都可以上去。指人只要抓住机会，积极努力，就能取得更大进步。

｛例｝今世所道俗语，多唐以来人诗。……“但有路可上，更高人也行”，龚霖诗也。（宋·陆游《老学庵笔记》卷四）

【多一分享用，减一分志气】

指人如果在生活中太贪图享受，就会丧失上进的勇气和决心。

｛例｝经一番挫折，长一番识见；多一分享用，减一分志气。（清·申涵光《荆园小语》）

【儿要自养，谷要自种】

孩子要自己抚育，粮食要亲自栽种。指凡事都应自己负责任，自己拿主意。

｛例｝隔壁两个侄儿和嫂嫂请过去，必定搬调了你一言两句，所以家来寻闹。休听别人言语，听我两句话，咱儿要自养，谷要自种，休听人言语。（元·杨文奎《儿女团圆》一折）

提示：此谚也说“儿要亲生，谷要自种”“要儿自养，要谷自种”。

【粪堆掏开，也有口气】

大粪堆掏开也有一股热气。告诫人即使境遇再差也不能没有志气。

{例} 休说我是个人，便是那粪堆掏开，也有口气。你今日着我去，苦恼也。（元·无名氏《刘弘嫁婢》一折）

【负土成山，磨石作镜】

每天背土不停，就能积累成一座高山；每天磨石不停，就能把石头磨得像镜子一样亮。指有志向、能坚持的人一定能成事。

{例} 自后，一味自修自证："古人负土成山，磨石作镜，皆有志成事者也。"（《二十四尊罗汉传》卷九）

【行行出状元】

状元：科举考试中殿试考取第一名的人。指不管干哪一行，只要热爱自己的工作，勤奋努力，都能成为杰出的人才。

{例} 他说："这做饭，也得看对象，年幼的人们爱吃烫面，上年纪的人们爱吃泛面。这抗日工作，各行各业，行行出状元！"（梁斌《烽烟图》三）

提示：此谚也说"行行有状元""三百六十行，行行出状元"。

【好儿不擎父业】

擎：向上托；举。指有志向的男儿不会满足继承父业，而要开拓进取。

{例} "好儿不擎父业。"父亲一世使刀，我偏要使枪不可。南汉时期天下第一枪手乃是高祀继，此人外号白马银枪；为此杨滚投到高氏门下。（郝赫《金沙滩·潘杨讼》一二回）

【好汉十七八，软蛋啃南瓜】

指勇敢有志向的人在年轻时就能显示出杰出的才能，而懦弱无能的人一辈子只能靠啃瓜菜混日子。

{例} 想到这里，他面对在场的年轻人，使了个激将法，说："好汉十七八，软蛋啃南瓜。"（刘江《太行风云》一七）

提示：此谚也说"好汉十七八"。

【好汉争气，赖汉争食】

赖汉：没能力、没志气的人。指有志气的人努力在事业上拼搏，而懒汉只会在吃喝上争抢。

{例} 我不就是为了嘴吗？人说"好汉争气，赖汉争食"，我天

生是个下贱货呀，不就是一麻袋粮吗？（宋清海《馕神小传》一七）

【好马不吃回头草】

比喻有志气有本事的人做事不会反悔。

{例} 好马不吃回头草。我既出了门，就是不再打算回去的。（周立波《山乡巨变》上一二）

提示：此谚也说“好马不吃回头草，好汉不买后悔药”“好汉不走回头路，好马不吃回头草”。

【好马看的是腿劲，好小伙子看的是心劲】

指衡量一匹马好不好主要看腿上的力量如何，衡量一个青年是否优秀主要看有没有志气。

{例} 这个小伙子硬是好！“好马看的是腿劲，好小伙看的是心劲。”程旭的心踏实、诚恳哪！（叶辛《我们这一代年轻人》一八）

【好男儿志在四方】

指有远大志向的男子汉，必须敢于闯荡，才能有所作为。

{例} 你母亲年未过花甲，身体还康健，纵有万一，还有家人邻里照料，不会有事的。再说几年后，你也能回家探望老人，不要为此担心。“好男儿志在四方”嘛！（刘浩鹏等《龙公案》一一回）

提示：此谚也说“男子汉大丈夫志在四方”“男子汉志在四方”等。此谚语告诉我们，真正有志气的男儿，不要依恋家乡这块小天地，应胸怀天下，走向社会。

【好鸟儿要攀高枝儿】

比喻人如果有远大的抱负，就应该追求更高的发展平台。

{例} 我昨晚想过了，从前是他拴我，现在是我拴他——古语说“山不转水转”哩，古话又说“好鸟儿要攀高枝儿”。（崔巍《纠葛》）

【虎卑其势，将有击也；狸缩其身，将有取也】

卑：低下。老虎伏低身子是为了进攻猎物，狸猫向后收缩身体，是为了猎取食物。比喻有远大志向的人暂时忍辱负重，是为了将来能更好地施展抱负。

{例} 子胥曰：“王何言之相反也。夫虎卑其势，将有击也；狸缩其身，将有取也。越王入臣于吴，怨恨在心，大王何得之？其下尝大王之粪，实上食大王之

心，王若不察，中其奸谋，吴必为擒矣！”（《东周列国志》八〇回）

【虎瘦雄心在】

比喻有志向的人，即使年老体衰或境遇坎坷，仍然心怀雄心壮志。

{例} 〔耍三台〕常言道我虎瘦雄心在，你可便休笑我眼嵌缩腮。（元·无名氏《独角牛》二折）

提示：此谚也说“虎瘦雄身还在”“虎瘦雄心还在”“虎瘦雄心横”等。

【虎死留皮，人死留名】

像老虎死后要留下珍贵的毛皮一样，人死后要留下美好的名声。劝诫人们活在世上就要有所作为。

{例} 俗语说过，虎死留皮，人死留名，天保也许一辈子出不来，也许过三天五天就在站笼上一站，砍头断命。算不了什么，他替穷人争口气，留下的是好名声！（司马文森《风雨桐江》七章七）

提示：此谚也说“豹死留皮，人死留名”“人死留名，虎死留皮”“人死留名，豹死留皮”。

【黄河万古往东流，百折不回头】

形容人意志坚定，无论遭受多少挫折，决不退缩。

{例} 黄河万古往东流，百折不回头！咱们世世代代受封建势力的压迫，受地主阶级的剥削，逼得我们有肚子没有饭吃，有腿没有裤子，直到今天悲惨的日子算是到了头了。（梁斌《翻身记事》二六）

【黄金遍地走，单等有志人】

指财富到处都有，但只有能力强志气大的人才能得到。

{例} 财神奶奶说：“‘黄金遍地走，单等有福人’，二狗穷相儿！”财神爷说：“不对。是‘黄金遍地走，单等有志人’。”（张树华《张二狗骂财神》）

【将相本无种，男儿当自强】

指王侯将相不是天生的，男子汉应当自立自强，建立功业。

{例} 智爷与艾虎言道：“看你五叔多大威严，今非昔比，福随貌转。”艾虎道：“师傅你教我的，不是常说‘将相本无种，男儿当自强’么？”（明·石玉崑

《小五义》一回）

提示：此谚也说“男儿当自强”“男儿志，当自强”“将相本无种”“将相本无种，男儿当飞腾”“王侯本无种，男儿当自强”。

【金山、银山，自己是靠山】

指有再多的财富也不如自己的能力可靠。

{例} 常言说，金山、银山，自己是靠山。良好的心境，高兴的心态，使人永远朝气蓬勃，成为动员人积极投入行动的巨大的动力。（张丽琴《渴望无限，不如高兴就好》）

【金愈炼愈坚，节愈操愈励】

指金子越锤炼越坚硬，品行越历练越高洁。

{例} 水运因拿了歌儿，走回家去见冰心小姐。只因这一见，有分教：金愈炼愈坚，节愈操愈励。（《好逑传》九回）

【靠天靠地，不如靠自己】

指依赖别人解决问题是靠不住的，不如依靠自己。

{例} 靠天靠地，不如靠自己。叫我说，就在这咸阳混，凭力气干个什么还顾不住个嘴？（李準《黄河东流去》二九）

提示：此谚也说“靠人不如靠自己”“靠张靠李不如靠自己”。

【困龙也要翻江倒海】

比喻有才能的人虽然身处困境，也能有一番作为。

{例} 没娘的孩子！咱贫雇农的好后代们可翻身了！真是！瓦片也有翻身日，困龙也要翻江倒海呀！（梁斌《翻身记事》一九）

【困难九十九，难不倒两只手】

九十九：概数，指很多。指困难再多，只要肯动手，肯努力，就一定能克服。

{例} “困难九十九，难不倒两只手。”为了尽快完成省定目标任务，汝州市及早行动，把目标任务前移，要求沿途各乡镇及早完成平原路段的路基铺修。（张万强等《万民同唱筑路歌——汝州修筑侯饭线公路纪实》）

【困难吓不倒英雄汉】

指坚强勇敢的人不会畏惧困难。

{例} 困难吓不倒英雄汉，与他一起购种同遭失败的养殖户都认输改行了，唯独汪文成痴心不改，在求教专家、参加培训的基础上，又借钱购回了10对蛙种，这回虽然又死去一半，使本来贫困的家庭又增添了万元债务，但毕竟有了成功的希望。（张联辉《歙县见闻：深山藏“财神”》）

提示：此谚告诉我们，只要有志向就一定能战胜困难。

【立志容易成功难】

指立下远大的志向很容易，但要实现它却很难。

｛例｝“梁队长，我向你保证，今后一定积极努力，坚决摘掉文盲帽子！”二楞一表决心，永生的话变了味道：“二楞啊，可要知道，立志容易成功难！”（郭澄清《大刀记》三卷一三章）

【路是人走出来的】

比喻只有在实际工作中勇于探索实践，才能取得成功。

｛例｝尽管前路茫茫，但柳传志和他的伙伴们坚定了决心，路是人走出来的，“是骡子是马拉出来遛遛！”（贺雄飞《儒商时代》七章）

【没有拉不直的绳子】

比喻人的缺点和错误，经过帮助都可以改正。

｛例｝永生满怀信心地说：“只要肯下力，没有拉不直的绳子。他是个穷人嘛，根子正……”（郭澄清《大刀记》二卷六章）

【男儿不发狠，到老受贫困】

指男子年轻时如果不奋发向上，等老了就会受穷。

｛例｝见今汉武皇即位，访猎贤士。想小生守着这断简残编，短檠破砚，几时是了。常言道：“男儿不发狠，到老受贫困。”今日个负着琴剑，去寻个出身去也。（明·朱权《卓文君》一折）

【鸟贵有翼，人贵有志】

翼：鸟儿的翅膀。鸟最可贵的是有翅膀，可以展翅翱翔；人最可贵的是有志气，可以成就一番事业。告诫人立志最重要。

｛例｝小光，日子不是这过法。你父母相继去世，家底又薄。人常说“鸟贵有翼，人贵有志”，你不勤苦奋斗，如何立门顶户？（袁佑力《立身之道》）

提示：此谚也说“鸟贵有翼，人贵有智”。

【驽马恋栈豆，必不能用】

驽(nú)马：跑不快的马。栈

(zhàn)：养牲畜的棚栏。跑不快的马总是贪恋着马棚的饲料，必定无用。比喻无能之辈没有远大志向，只知贪图享乐，不能委以重任。

{例}（司马）懿大惊曰："智囊泄矣！如之奈何？"蒋济曰："驽马恋栈豆，必不能用也。"（《三国演义》一〇七回）

提示：此谚出自《晋书·宣帝纪》："大司农桓范出赴爽，蒋济言于帝曰：'智囊往矣。'帝曰：'爽与范内疏而智不及，驽马恋栈豆，必不能用。'"

【气可鼓而不可泄】

指士气只能加以鼓舞，不能给予打击，否则，就会使群众失去信心和劲头。

{例}气可鼓而不可泄，企业间的竞争有产品的竞争、经营方式的竞争、技术的竞争，归根到底是人才的竞争，而人才竞争又关键是人才的精神状态、职工情绪的竞争。（杨惠恒《大力开发企业第一资源》）

提示：此谚也说"士气可鼓不可泄""气可鼓，不可泄"。

【穷人骨头金不换】

指穷人的志气和不屈的品格极其可贵。

{例}老大，俗话说，"穷人骨头金不换"；只要硬，穷骨头能成大事啊！（陈立德《前驱》三〇章）

【穷时不走亲戚家，饿时不进萝卜园】

贫穷时不要到亲戚家走动，饥饿时不要走进萝卜园。指人即使穷困也要有骨气，有自尊。

{例}叶坤元指指身上褴褛的衣衫，"俗话说：'穷时不走亲戚家，饿时不进萝卜园。'再说，小人这一身打扮，也无颜登韦家门啊！"（顾汶光等《天国恨》三章）

【穷有穷气，杰有杰气】

即便是穷人，也要保持穷人的志气；既然是英雄豪杰，就不能丢了豪杰的气概。指无论是平凡人还是英雄豪杰都要有刚强不屈的人格和操守。

{例}我想穷有穷气，杰有杰气，奉承他做甚的？他自长成了，只认自家的娘，那个认你！（《金瓶梅》五三回）

【求人不如求己】

指求人帮忙不可靠，自己想办法脱离困境才是最有效的。

{例} 俗谚云："求人不如求己。"古人云："上策莫如自治。"又："事贵制人，不贵制于人。"皆此之谓也。（宋·徐梦莘《三朝北盟会编》卷一三九）

提示：此谚出自宋·张端义《贵耳集》卷上："又看观音像，手持数珠。问曰：'何用？'曰'念观世音菩萨。'问：'自念则甚？'对曰：'求人不如求己。'"此谚也说"求人不如求自己""求人不如求自己，跌倒不如自爬起""求人不如求己，靠人不如让人靠"。

【人不怕低，货不怕贱】

指出身卑微的人通过自己的努力也可以大有作为，正如廉价的货物遇到好的机会也可以获取好的收益一样。

{例} 刘备是个贩履织席的，张飞是个卖酒屠猪的，关老爷云长，不过是逃难江湖一汉子。"人不怕低，货不怕贱"，只要大风大浪一卷来，小鱼小虾照样成气候。（鲍昌《庚子风云》一部一三章）

【人都巴望好，树都巴望春】

巴望：盼望。指像树木盼望春天到来一样，人都希望自己向好的方向发展，过上幸福生活。

{例} 不，我怎么能那样想？人都巴望好，树都巴望春，我不能光头自找刺蓬钻呵！（李茂荣《人望幸福树望春》）

提示：此谚也说"人望高头，水望低流""人望幸福树望春"。

【人活心，树活根】

指人要靠心劲儿活着，如同树要靠根基活着一样。

{例} 她虽然比我小几岁，可是，这多少年的日子难道就好过些？人活心，树活根。十多年来，我们这些人，心里有过好受的时候吗？（张俊彪《省委第一书记》一部二五章）

【人凭志气虎凭威】

指人干事业凭靠的是志气，老虎占山为王凭靠的是威势。

{例} 人凭志气虎凭威。……咱们不能忘了裕明别墅那天早上，勃拉克临走，直着脖子喊：离开"美孚"，你们只是一片黑暗。这口气，憋了十年了！这口气，非争不可！（张天民《创业》一五章）

【人穷志不穷】

指人虽然生活清苦，但不能丧失志气。

｛例｝他是想把人穷志不穷的人生态度，通过他的举止言行潜移默化地灌输给儿女，使我们在自立于这世间时，不论为人或做事，都能持“志不穷”的态度。(迟焕发《父爱深深》)

提示：此谚也说“人不怕穷，只怕无志”“人穷志不倒”“人穷志不短”“人穷志不能穷”“身贫志不贫”。

【人生不得逞胸臆，虽生百岁犹为夭】

胸臆：内心深处的想法。夭(yāo)：未成年死去。人活着不能实现自己的理想，即使活上一百岁也如同短命。指人活着就应该为理想而奋斗。

｛例｝媚儿听了，叹口气道：“古人云：人生不得逞胸臆，虽生百岁犹为夭。若得意一日，死而无怨。”(《平妖传》一五回)

【人生如逆水行舟，不进则退】

人生就像顶着水流划船，不努力向前，就会在水的冲击下向后退。指人必须努力上进。

｛例｝人生在世，对世界上的一切不闻不问，与死物何异？况且，知足了，就不思进取了，俗语说得好：“人生如逆水行舟，不进则退。”(刘金海《议论文论证结构教程·不知足者常乐》)

【人是要有一点精神的】

指人生在世，应该具有心灵的寄托和崇高的思想境界。

｛例｝世事无常，潮流变迁。相同的是，凡潮流都可能（当然不是必定）会淹没人的那一颗脆弱的灵魂。因此，愿我们投入任何潮流时都永远保持这一种清醒：“人是要有一点精神的。”(周国平《人生哲思语编》)

提示：此谚也说“人生在世，总得有一点精神”“人总是要有一点精神的”。

【人往高处走，鸟往亮处飞】

指人想要更好的处境，正如鸟儿喜爱飞向明亮的地方一样。

｛例｝那也晚了。人往高处走，鸟往亮处飞，我不能错过机会。(梁晓声《天若有情·在城市》)

提示：此谚也说“人奔高处走，鸟向高枝飞”“人往高处走，雀往高处飞”“人往活路走，鸟向明处飞”“树往高处长，人往高处走”。

【人无远见，安身不牢】

远见：远大的眼光；高明的见识。指人没有远大的眼光或高明的见识，就难以立身行事。

{例} 傻孩儿，人无远见，安身不牢。千山万水，又往南边去做甚？谁人带去？你肚里会几句唱，愁这城内寻不出主儿来答应？（《金瓶梅》八七回）

【人心无刚一世穷】

指人无上进的决心和勇气，只能一辈子受苦受穷。

{例} 当他又想到元他娘说元仓不给穷人长志的时候，他心里说：“人心无刚一世穷。”死也要给儿孙后辈作个样样！（刘江《太行风云》三三）

【人要志气，马要精神】

指人要有追求进步的决心和勇气，就像马要有活力和朝气一样。

{例} 人要志气，马要精神。老队长，看我们给你的雪蹄银踪马带来了什么样的节日厚礼呀！（朱春雨《听那创造的声音》上）

提示：此谚也说“人无志气铁无钢”。

【人争一口气，佛争一炉香】

佛：泛指佛教供奉的神像。指人活在世上，最重要的是要发奋向上，有所作为。

{例} 正是，正是！出家人图个安闲自在，我俗门中要替父母争一口气。自古道：人争一口气，佛争一炉香。（《禅真逸史》二四回）

提示：此谚也说“人受一口气，佛受一炉香”“人争一口气，佛受一炉香”“人争一口气，佛争一股香”“人争一口气，佛争一炷香”“人争一口气，鸟争一口食”等。此谚说明，人活在世间要的是脸面，争的是志气。

【上坡路吃力，下坡路好走】

走上坡路费力，走下坡路轻松。指人应努力向前，否则就会退步。

{例} “和同志们好好相处，不要要奸溜滑。”父亲看着儿子，“上坡路吃力，下坡路好走”，这是他最后必然补充的话。（邹志安《肥皂的故事》一）

【士志于道，不能恶衣恶食】

士：旧时指读书人。道：技艺，学问。恶(wù)：讨厌，挑剔。指读书人要立志做学问，就不能在吃饭、穿衣等生活方面挑剔。

{例} 他说："凡人咬得菜根，则百事可做。所以士志于道，不能恶衣恶食。像鲁老那种样子，恐怕放辟邪侈，无所不为。"（张恨水《京尘幻影录》一二回）

【世上无难事，只怕有心人】

有心人：有想法、有志气的人。指世界上没有办不成的事，只要人有志气、肯吃苦，任何困难都能克服。

{例} 每逢陈柱子在菜案上切肉下料，她总用心瞅着，陈柱子怎么样炒菜烧鱼，她也留心看着。世上无难事，只怕有心人。时间久了，她也把炒菜的程序路数记得八八九九，特别是做牛肉面这些容易做的面食，她已经领悟得烂熟了。（李凖《黄河东流去》三一章四）

提示：此谚也说"天下无难事，只怕有心人""世间无难事，只要肯用心""世间无难事，只怕有心人""世上无难事，贵在有心人""世上无难事，只要肯登攀"等。

【树怕烂根，人怕无志】

就像树烂了根就长不成有用之材一样，人要是没了志气，也终难成就大事。

{例} 树怕烂根，人怕无志。什么是力量？理想是力量，意志是力量。只要努力，这一切你都能争取得到。（刘彦林《春风得意》七章）

【死水不藏龙】

龙是遨游于云天的神物，不会在死水中藏身。比喻志向远大的人，不会没有生存的空间。

{例} 问："家贼难防时如何？"师曰："识得不为冤。"曰："识得后如何？"师曰："贬向无生国里。"曰："莫是他安身立命处也无？"师曰："死水不藏龙。"（宋·普济《五灯会元》卷一四）

【天助自助之人】

自助：自己帮助自己。指只有自立自强，发奋努力，才有可能获得外界的帮助。

{例} 你这么做，也正应了中国一句古话，叫作"天助自助之人"。人总得自己先有志气，肯于

上进，别人才愿意帮助。（曹荣《胡雪岩绝学》一册）

提示：此谚也说“天助自助者”。

【玩人丧德，玩物丧志】

指耍手段玩弄别人是不道德的，沉浸在玩物之中不能自拔会使人丧失进取心。

{例} 这两件小摆设，是他在百无聊赖之中，亲手设计和栽培起来的，每天为它们浇水松土，精心培育，竟然对它们产生了感情。“玩人丧德，玩物丧志”，他郑涵之是知道这一点的。(郭明伦等《冀鲁春秋》一部二章)

【唯有埋头，乃能出头】

埋头：专心致志地刻苦工作。出头：超出其他人。指人只有静下心来发奋努力，才能做出非凡的业绩。

{例} 古人说：“唯有埋头，乃能出头。”种子如不经过在坚硬的泥土中挣扎奋斗的过程，它将只是一粒干瘪的种子，而永远不能发芽滋长成一株大树。（罗兰《成功三部曲·唯有埋头，乃能出头》）

【无才有志，成全半事；有才无志，白头了事；有才有志，做得大事】

没有才能但有志气，事情能成一半；有才能但没志气，一辈子都一事无成；既有才能又有志气，才能做成大事。指做大事既要有才能，更要有志气。

{例} 人生在世，做啥行当都会出息，当紧的是不半途而废。“无才有志，成全半事；有才无志，白头了事；有才有志，做得大事。”（朱春雨《在人海里》九）

提示：此谚告诉我们，昂扬的志气是成功的保障。没有它，天才也会在迷径中丧失战斗力。

【无志易者难，有志难者易】

没有志向，容易办成的事也感到困难；有了志向，难办的事情也觉得容易。指困难和容易是相对的，关键在于是否有志向。

{例} 俗话说，“无志易者难，有志难者易”“只要人有恒，万事都可成”。志气，对于企业领导和职工来说，犹如闪射万丈光芒的灯塔。（邓当元《变“四气”为“志气”》）

提示：此谚告诉我们，困难会给那些有目标和远见的人让路。

【无志之人常立志，有志之人立长志】

没志向的人时常立志，却不去做；有志气的人立一次志，就坚持去做。指立志不在次数多少，而在于是否持之以恒地去实现。

{例} 你不立志，就不会有事业上的成功。但立志要专，更要持久，有这样一句俗话要记取的：“无志之人常立志，有志之人立长志。”（叶文《漫谈立志》）

【燕雀安知鸿鹄之志】

安：怎么，哪能。鸿鹄（hóng hú）：天鹅。燕雀不会知道鸿鹄的伟大志向。比喻平庸者不会了解英雄豪杰的远大理想。

{例} 多年前，一位雄心壮志、叱咤风云的农民起义青年领袖陈胜就曾自豪地说过：“燕雀安知鸿鹄之志？”有句古话说得好：“有志者，事竟成。”可见，立志是人才起飞的动力，是走向成功的第一步。（蓝潮《成才诡智》一篇二）

提示：此谚也说“燕雀安知鸿鹄志”“燕雀不知鸿鹄志”“燕雀岂知雕鹗志”“燕雀焉知鸿鹄之志”。

【要做好人者，自做好人；不要做好人者，自不做好人】

指是否能够做个好人，要看自己的志向及努力的程度。

{例} 谚云：“要做好人者，自做好人；不要做好人者，自不做好人。”此言虽鄙，然实不得已而自警也。（元·孔齐《至正直记》卷二）

【一人立志，万夫莫夺】

万夫：万人。指人只要下决心确立了自己的志向，再多的人也无法改变。

{例} 林公与梁氏见女儿立志甚决，怕他做出短见之事，只得由他。正是：一人立志，万夫莫夺。（《醒世恒言》卷五）

【有山靠山，无山独立】

指有可以依靠的力量就依靠，没有可以依靠的力量就靠自己解决问题。

{例} 有山靠山，无山独立。以前，白广利有些活儿指靠大石子替他干，如今指望不上，还是靠自己。（董玉振《精明人的苦恼》一）

【有心人，天不负】

有心人：有某种意愿，肯为此而动脑筋的人。指人只要有了做某事的决心，并甘愿付出，就一定能成功。

{例} 外交学院研究生是她大学阶段最后一座山，“有心人，天不负”，结果她如愿以偿地收到了外交学院的来函，赴北京面试，被录取为特英专业硕士研究生。(报)

提示：此谚也说“天公不负有心人”。

【有志不在年高，无志空长百岁】

长（zhǎng）：成长。人若有志气，年龄小也能取得成就；人若无志气，活到老也一事无成。指人生在世，立志最为重要。

{例} 匡胤听了，心下想道：“常言，有志不在年高，无志空长百岁。你看哪一家有大山大路？偌大的年纪，原来是个痴子。”（《飞龙全传》一八回）

提示：此谚也说“有志不论年轻，无志空活百岁”“有志不在年高，无志空活百岁”等。此谚告诉我们，人活一世，不可缺少的是“志向”二字。

【有志妇人，胜如男子】

胜如：超过。指有志气的妇女，比一般的男子都有出息。

{例} 自古道：“有志妇人，胜如男子。”且如妇人中，只有娼流最贱，其中出色的尽多。（《警世通言》卷三一）

提示：此谚也说“有志妇人，胜似男子”。

【有志者，事竟成】

竟：终究。指有志向的人坚持为理想奋斗，最终定能成功。

{例} 这种精神力量之一就是远大志向。俗话说：“有志者，事竟成。”这里的志，是大志，是雄心壮志，是崇高的理想。（陈瑛等《人生幸福论》三编二章）

提示：此谚也说“有志者事竟成，无志者一切空”“有志之人事竟成”。

【与其眼泪汪汪，不如握紧拳头】

指遇事伤心难过，不如勇敢面对，积极努力，战胜困难。

{例} 回首整个备考的心路历程，包括为了达到报名“司考”的资格而学的自考，我的心理素质得到了极大的提高，并且在困

境中学会了用左手温暖右手，领悟到“与其眼泪汪汪，不如握紧拳头”的人生真谛。（刘丹《平静地面对成功，坦然地接受失败》）

提示：此谚也说“与其泪流满面，不如握紧拳头”。

【真心要吃人参果，哪怕山高路难行】

人参果：传说中形状像婴儿的一种仙果。真想吃人参仙果，就不要怕山高路险。比喻下决心做某事，再大的困难也能克服。

{例} 俗话说：“真心要吃人参果，哪怕山高路难行。”他要是对女儿真有深情实意，那就让他厚着脸皮子、低下脖梗子来求吧。（秦兆阳《大地》五卷一）

【只要是金子，放在哪里都闪光】

比喻有真才实学的人，无论在哪个岗位上都会有所建树。

{例} 失去了兵权的毛泽东“灰溜溜”地到闽西做地方工作。在前方听惯了枪炮声，闻惯了硝烟味的毛泽东，虽然有些不习惯，但只要是金子，放在哪里都闪光，他把地方工作开展得有声有色。（蓝潮《成才诡智》七篇一）

提示：此谚也说“是金子，放在哪里都闪光”。

【智士不饮盗泉之水，廉者不受嗟来之食】

智士、廉者：有志气、品德高尚的人。盗泉：古泉名，故址在今山东省泗水县东北。旧喻不义之财。嗟(jiē)来之食：嗟，不礼貌的招呼声，相当于“喂”。很不友好、很不礼貌地给人施舍食物。泛指带有侮辱性的施舍。指有志气或品德高尚的人不会接受不义之财或带侮辱性的施舍。

{例} 奴家为着迁都扰乱，慌慌张张，扶着婆婆出外逃避，一文盘费也没有。不料中路遇着强寇宋江获住……因见妇姑恩爱，乃授金帛相赠。自古道：智士不饮盗泉之水，廉者不受嗟来之食。（明·邵璨《香囊记》二六出）

提示：此谚也说“智士不饮盗泉之水，廉者不受嗟来之食”“志士不饮盗泉之水，廉者不受嗟来之食”。

九、谦让勤学

【宝剑锋从磨砺出，梅花香自苦寒来】

磨砺（lì）：在磨刀石上摩擦，比喻磨炼。宝剑的锋利出自磨砺，梅花的清香来自严寒。比喻人要有所成就，就应当勤奋刻苦，磨炼自己。

{例} “宝剑锋从磨砺出，梅花香自苦寒来。”积极参与各种实践，勇于磨砺锤炼自己——在锤炼中成才，这是成才的一个基本规律。（吴进国《开发“青春潜能”》）

提示：此谚也说“宝剑锋从磨砺出”。

【不吃苦中苦，难得惊人艺】

指只有经过艰苦的学习、磨炼，才能掌握精妙的技艺。

{例} 天知道，我对黄明显可是毫无恶意的。老实说，我倒真有点喜欢他呢！“不吃苦中苦，难得惊人艺”，真的，我就有这样的经历。（郑荣臣《海礁石》一一章）

【不怕“难”字当头，就怕“懒”字沾边】

不怕事情难办，就怕懒惰不干。指工作再难再多也没有关系，只要勤奋肯干，问题都能得到解决。

{例} 人到世上，怕的就是懒散没志气。一个能说会道的懒人，不如一个放羊牧马的哑巴牧人。人常说：不怕“难”字当头，就怕“懒”字沾边，这话说得实在。（程日远《追求》三章）

【不怕倒运，全怕懒性】

倒运：遭遇不好；遇事不利。不怕运气差，就怕思想懒惰不求上进。指人要积极上进。

{例} 他仰起头来，看看太阳已到正顶，站起来紧了紧裤腰带，自言自语说：“人常说，不怕倒运，全怕懒性，总管坐着也不算个事。”（刘江《太行风云》二五）

提示：此谚也说“不怕倒了运，就怕懒了性”。

【川壅则溃，月盈则匡】

壅：堵塞。盈：满。匡：亏。河流堵塞了就会决堤，月亮圆了就会变缺。比喻人如果骄傲自满必然招致失败。

{例} 悉人之力以为美观，厚人之泽以为侈靡，斯则累卵于九层，夫何见夫三百里！俚语有之曰："川壅则溃，月盈则匡。"善败由己，吉凶何尝！（唐·任公叔《登姑苏台赋》）

【大海不嫌水多，大山不嫌树多】

比喻人只有虚心吸取各方面的知识和经验教训，事情才能顺利完成。

{例} 虚心万事能成，自满十事九空。大海不嫌水多，大山不嫌树多。（段元业《谦逊篇》）

【刀儿不磨要生锈，人不学习要落后】

刀要经常磨砺，才能保持锋利；人不坚持学习，就要落伍。指人要勤奋学习，才能不断进步。

{例} 谚语：精打细算，细水长流；刀儿不磨要生锈，人不学习要落后。（何迟《背课文》）

提示：此谚也说"刀不磨，要生锈；人不学，要落后"。

【得智慧胜过得金子】

学习知识，增长智慧，远胜过获得金银财宝。指学习知识，拥有智慧，才是人生中最重要的。

{例} 俗话说："得智慧胜过得金子。"女儿有钱是事实，可是，女儿是否因此而增长智慧了呢？（庞瑞垠《沉沦女》四）

【低头是稻穗，昂头是稗子】

稗子：稻田里的害草。比喻有真才实学的人往往很低调，没有真本事的人常常喜欢卖弄。劝人要谦虚，不要张扬。

{例} 要懂得低头，就要懂得谦恭。常言道，"低头是稻穗，昂头是稗子""整瓶不摇半瓶摇"。（张保振《要懂得低头》）

【读万卷书，行万里路】

万：概数，形容多。书读得多，知识才能渊博；路走得多，眼界才能开阔。指理论知识和实践经验都很重要。

{例} "读万卷书，行万里路。"古人把这两件事并列一起而言之，细细想想，这实在是大有道理的。在这里边，既有做学问的道理，也有做人的道理，因为由这两条途径，是可增长见识、广阔胸怀的。（智秀琏《在书中行走》）

【多想出智慧】

指勤思考、多动脑能增长人的聪明才智。

{例} 常言说："多想出智慧。"陈玉文也非缺乏智慧之人，但是，此时他的脑海里，却不闪现写作时那种灵感的光辉。（黎汝清《雨雪霏霏》二章一）

【高山再高也有顶，长河再长也有源】

比喻人的技艺再高也有比他强的人。指人或事物总有其应有的度。

{例} 常言说："高山再高也有顶，长河再长也有源。"纵然你仨有道行，我老孙也跟你们较量较量，与那众僧报仇冤！（常志等《快板书西游记》五七回）

提示：此谚告诉我们，无论在什么时候，永远不要以为自己是最强的，谦虚才能使人进步。

【根深叶茂，本固枝荣】

树根扎得越深，枝叶才越繁茂。比喻基础打扎实，事业才能取得更大成就。

{例} 俗话说："根深叶茂，本固枝荣。"博览就是打好基础，扩大知识面，由此而入，才能步步登高，进行专攻。（肖雯等《读书方法简介》）

提示：此谚也说"根深才会叶茂""根深才能枝壮，花荣才能果硕"。此谚告诉我们，勤奋好学，打好基础，多学知识，才能有所成就。

【跟老和尚念一年经，不如听如来佛一句话】

如来佛：佛教创始人释迦牟尼的十种称号之一。比喻与其跟一般人平平庸庸学一年，不如跟高明的老师学一招真本事。

{例} 拉纤撑篙，千套万套，不如绝活一招。本来嘛，跟老和尚念一年经，不如听如来佛一句话顶事哩。投师学艺，就为了学一招鲜。（潮清《合婚台·头一招》一）

【功到自然成】

指付出了应该付出的时间和精力，事情自然就会成功。

{例} 写作没有捷径，全靠功到自然成。写十遍有写十遍的好处。（老舍《我怎么写的〈春华秋实〉剧本》）

提示：此谚告诉我们，唯有勤奋努力，做事才能成功。

【功夫不负苦心人】

不负：不辜负。苦心：用心。指只要肯下苦功夫，再难的事也能成功。

｛例｝功夫不负苦心人，难为他预习了小半夜，今天的见驾礼行得特别出色，动作干净利落，节奏明快紧凑。（胡山源等《南明演义》六回）

提示：此谚也说“功夫不负有心人”“功夫不亏有心人”“功夫不亏用心人”。

【功要习，马要骑】

指学习任何技艺，都要经常练习，否则就会生疏，影响进步。

｛例｝常言说：“功要习，马要骑，拳要踢打，算盘要拨拉！”黄金山又往太师椅上一坐，不在乎地说：“舒舒筋骨，活活血脉，我还想多活几年哪！”（阎丰乐《县委书记》一部二五章）

【恭可平人怒，让能息人争】

恭敬的态度可以消除对方的怒气，虚心谦让能够平息与人的纷争。指跟人交往要有教养，多谦让。

｛例｝常言说“恭可平人怒，让能息人争”啊，看在高太尉的面上，暂且饶恕他吧！（赵博《花和尚演义》六回）

【好汉天下有好汉，英雄背后有英雄】

能干人背后还有更能干的人。告诫人遇事要冷静，不可盲目自大，以免受害。

｛例｝兄长不可造次。自古道：“好汉天下有好汉，英雄背后有英雄。”此去倘有疏虞，如何处置？（《飞龙全传》四一回）

提示：此谚也说“好汉背后有好汉，英雄背后有英雄”。

【好马不停蹄，好牛不停犁】

良马不会停止前进，好牛不会停止拉犁。比喻有理想有志气的人会不断地追求和超越自己。

｛例｝常言道：“好马不停蹄，好牛不停犁。”这虽是个比方，其实用来形容爸爸的一生倒也十分恰当。爸爸的一生，顺境也好，逆境也好，始终没有停止他的笔耕。（阿贝《爸爸的书案》一）

【好问则裕，自用则小】

好：喜欢。裕：丰富。自用：自以为是。喜欢向别人请教的人，知识肯定丰富；自以为是的人，知识必然浅薄。指人不耻下问，才能增长学识。

{例} 予闻曰：能自得师者王，谓人莫己若者亡；好问则裕，自用则小。（《尚书·仲虺之诰》）

【己是而彼非，不当与非争；彼是而己非，不当与是争】

自己对别人错，没必要与其争辩；别人对自己错，更不应该争辩。指人应该宽容大度，不要斤斤计较。

{例} 谚曰："己是而彼非，不当与非争；彼是而己非，不当与是争。"君子表不隐里，明暗同度。（唐·马总《意林·魏子》）

【骄傲来自浅薄，狂妄来自无知】

狂妄：极端的自高自大。人骄傲自满，是由知识浅薄导致的；人狂妄自大，是因为他的无知。指人只有不断学习，增长见识，才能避免骄傲自大。

{例} 骄傲来自浅薄，狂妄来自无知。虚心万事能成，自满十事九空。（段元业《谦逊篇》）

【镜子越擦越明，脑子越用越灵】

镜子越擦越明亮，人的脑子越用才会越聪明。指人要勤于用脑。

{例} 俗话说"镜子越擦越明，脑子越用越灵"，通过大量阅读，可以延缓脑细胞的萎缩和死亡过程，增长脑血流量，使大脑信息传递加速，保持敏捷的思维能力。（春雨《增强记忆五诀窍》）

【空桶的响声比实桶大】

敲空桶时声音很大，而敲装满东西的桶时声音却很小。比喻有能力的人往往比较谦虚，而浅薄无知的人总爱自我夸耀。

{例} 大胡子是这里的教导主任，看样子他对李曼华有好感也有批评。据他说李曼华是高年级的语文教师，曾经几次受到学校的嘉奖。但是，他引了一句谚语说"空桶的响声比实桶大"，她离可以骄傲的程度还远哩。（林欣《"赌国王后牌"软糖》）

提示：此谚告诉我们，谦虚能使人进步，自我夸赞只能暴露出自己的浅薄无知。

【苦一不苦二】

指开始做事时如果能勤奋吃苦，把基础打牢靠，以后的工作就容易了。

{例} 苦一不苦二，凡事先难

后易。（胡祖德《沪谚》卷下）

【快刀不磨是块铁】

再锋利的刀子如果不经常磨砺，最终会变成一块无用的废铁。比喻人如果不学习，不磨炼，那么，原有的天赋也会消失殆尽，变成一个平庸的人。

｛例｝聪明人往往凭恃自己的聪明，忽视了严格的自我要求，不学习，不实践，结果呢，正如人常说的：快刀不磨是块铁，落得个无用之人。（力生《勉学章》）

【亏人是祸，饶人是福】

让别人吃亏会给自己招来灾祸，宽恕他人会给自己带来福气。指人应该以谦让宽容的态度来对待人和事。

｛例｝算甚么命，问甚么卜，亏人是祸，饶人是福，天眼恢恢，报应甚速。（《飞剑记》八）

【良贾深藏若虚，君子盛德容貌若愚】

贾：商人。善于经商的人不对外暴露财货；德行高尚的人不向人炫耀自己。劝人要懂得收敛，不要过分炫耀自己。

｛例｝老子曰："……吾闻之，良贾深藏若虚，君子盛德容貌若愚。去子之骄气与多欲，态色与淫志，是皆无益于子之身。"（《史记·老子韩非列传三》）

【马有四蹄行千里，人有两手创奇迹】

骏马靠四个蹄子奔驰千里，人用自己的双手创造奇迹。指只要肯下苦功，就一定会战胜困难，创造出不平凡的业绩。

｛例｝马有四蹄行千里，人有两手创奇迹。抗灾保畜光依赖上边不行，还要靠自己。一会儿你再找几个牧工来，看他们有没有办法。（冯国仁《草原上有座小屋》二章）

【满饭好吃，满话难讲】

满话：把话说到极点，不留一点余地。人吃满碗饭没问题，说过头话却要不得。劝人说话要留有余地，以免招来灾祸。

｛例｝老五啊，你就不要自讨苦吃了！满饭好吃，满话难讲，到时吃了苦头来不及！（金声伯等《白玉堂·钦差访北侠》）

提示：此谚也说"满饭好吃，满话难说""满饭好吃，满话说不得"。

【满招损，乐招灾】

骄傲自满会招致灾祸，过度享乐会引来劫难。劝诫世人凡事不可太过。

{例} 福来时如川之至，运去时无翼而飞。才人金尽，杜子美空叹一文钱；国士囊空，淮阴侯难消三日饿。呼不来，挥不去，中藏着消息盈虚；满招损，乐招灾，更伏下盗贼劫杀。（《金屋梦》一回）

【满招损，谦受益】

骄傲自满会招致损失，谦虚谨慎会带来益处。劝人为人要谦虚，不要自满。

{例} 海鳖曾欺井内蛙，大鹏张翅绕天涯。强中更有强中手，莫向人前满自夸。这四句诗，奉劝世人虚己下人，勿得自满。古人说得好，道是："满招损，谦受益。"（《警世通言》卷三）

提示：此谚出自《尚书·大禹谟》："惟德动天，无远弗届。满招损，谦受益。"此谚也说"满招损，乖致戾""满招损，谦得益"。

【米粉越磨越细，手艺越做越精】

指只有在实践中不断摸索，技艺才会越来越精湛。

{例} 米粉越磨越细，手艺越做越精。不怕事难，只怕手懒。(杨彦衡《黄天源与苏式糕点》)

【莫生懒惰意，休起怠荒心】

不要有偷懒的想法，不要起懈怠的念头。劝人要勤奋努力，切不可有偷懒、贪图享乐的念头。

{例} 行者道："你说那里话！'莫生懒惰意，休起怠荒心。'且将行李歇下，把马拴在牌楼柱上，你使钉耙，沙僧使杖，拦住洞门，让我进去打听打听。"（《西游记》八二回）

【莫向人前夸大口，强中更有强中手】

不要在人前说大话，强手中还有更强的人。指人不应该自高自大，应该多看到自己的不足。

{例} 和尚把孩儿的魂魄取出来，用碟儿盖了，安在桌子上，一边自等面吃。有诗为证：莫向人前夸大口，强中更有强中手。续头神术世间无，谁料妖僧窃魂走。（《平妖传》二九回）

提示：此谚告诉我们，要以虚心的态度做事，取他人的长处补自己的不足，让自己有更大的进步。

【拿斧的得柴禾，张网的得鱼虾】

拿着斧子的可以砍到柴禾，下海撒网的可以捕到鱼虾。指凡事只有付出了，才会有收获。

{例} 凡是为学堂立过功出过力的，都不会被漏掉。拿斧的得柴禾，张网的得鱼虾。（陆地《瀑布》三章）

【脑子怕不用，身子怕不动】

脑子不常用会迟钝，身体不常动会虚弱。指人的大脑与四肢应当多活动，以保健康。

{例} 脑子越使用越灵活，身子越活动越健康。这道理用一条俗语来说，就是“脑子怕不用，身子怕不动”。（赵玉龙《健康来自运动》）

【七分人事，三分天资】

天资：天生的资质。指能成就大事的人，主要靠的是勤奋努力，天资只起很小的作用。

{例} 你还不如泉淙勤奋。一定要记住：“七分人事，三分天资。”历史上有成就的，哪个不是奋斗出来的。（辛一夫《张大千》一）

【气是无名火，忍是敌灾星】

指生气发火会惹祸上身，容忍退让则可以避免灾祸。

{例} 烈士让千乘，贪夫争一文。气是无名火，忍是敌灾星。但存方寸地，留与子孙耕。（《增广贤文》）

【千般易学，一窍难通】

粗浅掌握某种技艺比较容易，但要真正精通其中的诀窍却很难。指要想学精学透，必须下一番苦功。

{例} “千般易学，一窍难通。”李书记，恐怕你对这个道理不熟。（克非《春潮急》四〇）

提示：此谚告诉我们，要掌握真正的本领，必须勤学苦练。

【人脑越用越灵，人手越用越巧】

手和脑都是越用越灵巧。指人应该多用手，多动脑，才会有所成就。

{例} 俗话说：天才出于勤奋。人脑越用越灵，人手越用越巧。事实证明，只要努力学习，刻苦钻研，即使原来基础差，也

可以赶上去，获得良好的学习成绩。（熊小元《勤能补拙》）

提示：此谚也说“人越动越勤，脑越用越灵”。

【人无巧拙之分，唯有勤惰之别】

人与人之间的差别不在于人是巧还是笨，而在于人是勤奋还是懒惰。指人能否进步关键在于是否勤奋努力。

{例} 俗语道：人无巧拙之分，唯有勤惰之别。跻于尺长寸短之间，面对同样环境，唯当勤奋自勉，方有寸短的超越、尺长的升华，而这种超越和升华永远属于那些奔徙于危难之中、拼搏顽强、只争朝夕的人。（杜文渊《尺短寸长说》）

【忍气饶人祸自消】

指能克制自己的怒气，宽恕他人的过错，灾祸自然就会远离。劝人遇事要学会忍让，不要逞强。

{例} 一朝之忿，小而构怨于一时，大而贻害于终身，不忍之为害，可胜言哉！昔人云：“忍字敌灾星。”又曰：“忍气饶人祸自消。”（清·石天基《传家宝》卷二）

提示：此谚也说“忍是敌灾星”“忍自忍，饶自饶，忍饶相加祸自消”“忍自忍，饶自饶，忍耐比着饶恕高”。

【忍气吞声是君子，见死不救是小人】

指君子遇事能大度忍让，而小人见人有难却不会援手。

{例} 可是三儿那场戏文，不但没有脱卯，反而越发卖力，刚刚演到紧要的打棍前面，跳下山来，嘴里说着“忍气吞声是君子，见死不救是小人”两句。（《孽海花》三〇回）

【洒多少汗水，有多少收获】

指人付出多少辛苦，就会得到多少回报。

{例} 功夫不负苦心人。他摸黑打早苦干一年，山坡地变成肥沃田，玉米亩产过千斤。人常说“洒多少汗水，有多少收获”，实在是至理名言。（姚运生《强者之路》）

【三分靠教，七分靠学】

指要学好一门技艺，老师教授重要，但更重要的是自己勤奋钻研。

{例} 在民间说唱传承方式上虽然也讲“经师”的重要，如所谓“井淘三遍吃好水，人受调教武艺高”“钟不敲不鸣，人不教不懂”，但更多的是强调徒弟的自学。如“教得好，不如学得好”“三分靠教，七分靠学”，强调发挥艺徒的主观能动作用。（任骋《从艺人谚语看民间说唱的师承传统》二）

提示：此谚也说“三分教，七分学”。

【三更灯火五更鸡，正是男儿立志时】

三更：指半夜十一时至翌晨一时。五更：旧时自黄昏至拂晓一夜间，分为甲、乙、丙、丁、戊五段，谓之“五更”。这里特指第五更的时候，即天将明时。指年轻人应当及时奋发，立志苦读，才能有所成就。

{例} 常言道得好：“三更灯火五更鸡，正是男儿立志时。”现在国家正在多难，我祖逖何能安睡！（封至模《毁家助饷》三场）

提示：此谚也说“三更火，五更鸡”“三更灯火五更鸡，雪案萤窗志足奇”。

【山外有山，天外有天】

强人之外还有更强更有本领的人。告诫人要懂得谦虚，不可盲目自大。

{例} 因为知识极其有限，所以总是夜郎自大，鼠目寸光，凭自己一点可怜的知识和经验便以为自己穷尽了主义和真理，总认为真理掌握在手中，不知山外有山，天外有天，权威自居，总喜欢将周围的人作为批判的对象，总喜欢将自己的思想、意见强加于人。（邵道生《只能使社会更文明的宽容》）

提示：此谚也说“山外青山楼外楼，强中自有强中手”“山外青山天外天，能人背后有能人”“山外有山，人上有人”“山外有山云外云，能人背后有能人”。

【涉浅水者得鱼虾，涉深水者擒蛟龙】

在浅水中，只能捕得鱼虾；在深水中，却能擒得蛟龙。比喻要想取得大的成就，就必须要勤奋努力，下苦功夫。

{例} 俗话说：“涉浅水者得鱼虾，涉深水者擒蛟龙。”企望舒舒服服，不下苦功，哪有成就事业的道理？（金马《青年生活向导·总论》）

【树大风声细，房高雁语低，水深流得缓】

细：微小，与大相对。树木高了听到的风声就小了，房子高了雁的鸣叫声也弱了，水深了流得就缓慢了。比喻真正的君子为人低调沉稳，不浮躁。

{例} 小燕道："尔莫非是聋乎？"宾鸿答曰："树大风声细，房高雁语低，水深流得缓，君子迟，我乃是君子，岂肯即应小人乎？"（《公冶长听鸟语纲常》）

提示：此谚告诉我们，真正谦虚的人，因为看得透，所以不浮躁；因为想得远，所以不狂妄；因为站得高，所以不骄傲。

【水深不响，水响不深】

水深的地方，水冲击石头不会有大的响声；水浅的地方，响声则会很大。比喻真正有本事、有能力的人从不轻易张扬自己。

{例} 不要信他的！我经见的人多了，有真本事的全都城府很深，哪有自我卖弄的？谚语说"水深不响，水响不深"，道理一点不假！（司马应龙《文才与人品》）

【说得好听，不如练得艺精】

嘴上说得再好听，也不如精湛的技艺更能让人折服。指要想让人信服，就得拿出点真本事来。

{例} 既然你们口口声声说是没有歹意，是朋友，俗话讲："说得好听，不如练得艺精。"眼下大师姐中了毒弹，性命不保，是我们磨扇压住手的时候了。（檀林《故都侠女》一三回）

【泰山不拒微尘，黄河不择细流】

泰山：中国五岳之首，在山东省中部，主峰在泰安市北。泰山因不拒绝接纳微小的尘土，才有那么高；黄河因不嫌弃细小水流的加入，才有那么宽。比喻人应广泛听取各方面的意见，才能成就大事。

{例} 代理政委认为：泰山不拒微尘、黄河不择细流的精神是对的，但要抓取重点，不能遍地撒网，广种薄收。（李英儒《还我河山》一章）

提示：此谚也说"泰山不却微尘，大海专纳细流"。

【泰山高矣，泰山之上还有天；沧海深矣，沧海之下还有地】

泰山：中国五岳之首，在山东省中部。沧海：大海。好的之外还有更好的，强手之外还有更强的。告诫人要谦虚，切不可骄傲自满。

{例} 真是第一绝妙的功夫！看起来，天下英雄甚多，从此我不可自满。古语说得不错，正是："泰山高矣，泰山之上还有天；沧海深矣，沧海之下还有地。"(《夺魄惊魂》上九回)

提示： 此谚也说"泰山高还有天，沧海深还有底"。

【桃李不言，下自成蹊】

蹊(xī)：小路。桃树李树虽然不会主动招引人，但其美丽的花果自然会吸引人们到来，于是树下被踩出了小路。比喻有真才实学、为人忠厚的人虽不自夸，却自然会受到大家的尊敬和爱戴。

{例} 余睹李将军，悛悛如鄙人，口不能道辞。及死之日，天下知与不知，皆为尽哀。彼其忠实心诚信于士大夫也。谚曰："桃李不言，下自成蹊。"此言虽小，可以喻大也。(《史记·李将军列传》)

提示： 此谚也说"桃李不言而成蹊""桃李不言，下自成行"。

【天不言而自高，地不言而自卑】

卑(bēi)：低下。天地没有自己吹嘘自己高旷厚实，但人们都能看见天之高地之厚。比喻事实最具有说服力，不必进行无谓的争辩。

{例} 李瓶儿听见，便嗔如意儿："你这老婆，平白只顾说他怎的！我已是死去的人了，随他罢了。天不言而自高，地不言而自卑。"(《金瓶梅》六二回)

【天落馒头，也要起早去拾】

机遇再好，也要靠自己去抓住。指人应该积极努力，才不会错失良机。

{例} 哥哥正是平时懒惰，因此不中。常言道："天落馒头，也要起早去拾。"哪有终日静坐念佛得中之理？(明·王衡《郁轮袍》一〇出)

【头遍生，二遍熟，三遍四遍是师父】

指勤奋学习、反复练习就能获取更多的知识和技能。

{例} "徒弟不吃半年闲饭""头遍生，二遍熟，三遍四遍是师父"都是讲要徒弟边干边学的。

（任骋《从艺人谚语看民间说唱的师承传统》二）

【闲成懒虫，忙成蛟龙】

蛟龙：传说能翻江倒海的神物。越闲散，人就越懒惰；越忙碌，人的本事就越大。指闲散让人成为废人，勤奋能使人成才。

｛例｝常言说得好“闲成懒虫，忙成蛟龙”，又道是“闲懒闲懒，越闲越懒”。是说闲散成废人，勤奋有作为。（程日远《追求》三章）

【闲适两手空空，勤奋硕果累累】

贪图安乐舒适，就会一事无成；只有辛勤努力，才能收获丰硕的成果。指只有通过勤奋努力才能获得成功。

｛例｝所谓“潇洒人间走一回”，不知误导了多少天真少年！人常说“闲适两手空空，勤奋硕果累累”，这才道出了人生真谛。（程日远《追求》五章）

【小马乍行嫌路窄，雏鹰初舞恨天低】

乍(zhà)：刚刚。雏(chú)鹰：幼鹰。比喻年轻人刚接触社会，难免心高气傲，对客观条件不满，认为限制了自己的发展。

｛例｝那高行周深明韬略，善晓天文，行兵如孙子，摆阵似太公……闻风知胜负，嗅土晓输赢。你这冤家分明是“小马乍行嫌路窄，雏鹰初舞恨天低”，你岂是他的对手？惟有送死而已。（《飞龙全传》四四回）

提示：此谚也说“小马儿乍行嫌路窄”“小马乍行嫌路窄，大鹏展翅恨天低”。此谚告诫我们，初入社会的年轻人心态要放平和，要放低姿态，虚心学习，这样方能成功。

【小小本领学在身，赛过祖产千万金】

学会一点小技能就赛过祖上遗留的千万财产。指只要掌握了某项技能，就不愁挣钱。

｛例｝“小小本领学在身，赛过祖产千万金。”可见，技艺的价值不仅仅在于立竿见影的效果，更在于传授后人。（王守仁《话说“无艺是真贫”》）

【秀才作医，如菜作齑】

秀才：明清两代生员的通称，后泛指读书人。齑(jī)：碎末。指秀才有学问，改行学医，就像把菜切碎一样容易。泛指学识丰富的人，思路开阔，无论从事什么职业都能很快掌握基本要领。

{例} 胡先生本来是个秀才，因为教书没有人要，学了医生。俗话说得好“秀才作医，如菜作齑”，这是极其容易的。（《负曝闲谈》二〇回）

提示：此谚也说“秀才改大夫，只用一五更”“秀才学医，瓮里捉鸡”。

【学到知耻处，方知艺不精】

指当学到一定阶段，人的视野开阔后，才会有羞愧感，才知道自己不如别人，还需要更加努力。

{例} 自己这个规模大、设备好、技术力量雄厚的大厂，却无所作为……学到知耻处，方知艺不精，幸亏上级没有弄错厂名，否则，他可真无地自容了！（刘彦林《春风得意》二二）

提示：此谚告诉我们，懂得羞愧，学会谦虚，才能博采众长，不断成长。

【学艺不得窍，等于瞎胡闹】

窍：诀窍。指学习技艺如果找不到入门的方法，就永远学不精。

{例} “学艺不得窍，等于瞎胡闹”，如果不掌握第二传承内容，艺徒就根本了解不到艺术的真谛，是成不了好艺人的。（任骋《从艺人谚语看民间说唱的师承传统》三）

【学艺不亏人，是艺不亏人】

指只要认真学习掌握某种技艺就不会吃亏。

{例} 从发财致富这个角度来说，赚钱得学艺，学艺准赚钱；有分本事赚分钱；只要手艺精，就有生意经。总之，学艺不亏人，是艺不亏人。（王守仁《话说“无艺是真贫”》）

【学中干，干中学】

边学边做，边做边学。指学习和实践紧密结合，才会有更好的效果。

{例} “学中干，干中学。”纪洪涛说：“铁肩膀都是压出来的，大风浪里练游泳嘛。”（姜树茂《渔港之春》二二）

【学自勤中得】

指真正的学问只有从勤奋学习中才能获得。

{例} 古人云：“学自勤中得。”不偷懒，不懈怠，勤学苦练

出成果；业精于勤，而荒于嬉。（西农《求知十大要领》）

【严于律己，宽以待人】

指对自己要高标准、严要求，对他人则要宽厚仁慈，不能太苛刻。

{例} 项英以“严于律己，宽以待人”的原则，处理了这件事情。（黎汝清《皖南事变》二六）

【眼经不如手经，手经不如常舞弄】

舞弄：操作。眼看过不如手做过，手做过不如经常反复做。指不能光说不做，要反复操作，才能熟练。

{例} 没关系。有句俗话说：“眼经不如手经，手经不如常舞弄。”锻炼锻炼，多增加些实际经验就好啦！（黎明《祖国的儿子黄继光》五章五）

【要练武，莫怕苦，怕苦难成虎】

武：武术。练武功就必须吃苦，不吃苦就没有办法练成真功夫。指只有勤学苦练，才能练就真功夫。

{例} 使古朴家风得以在孟家发扬光大的首推玉清老人。他长年坚持武术锻炼，更从严要求儿孙。经常告诫后辈：“要练武，莫怕苦，怕苦难成虎。”（刘伯生《武术之家》）

【要人知重勤学，怕人知事莫做】

知重（zhòng）：赏识；看重。指想让人赏识，就要勤奋学习；怕让人知道，就不要去做。

{例} 任圭混在人丛中，坐下纳闷。你道事有凑巧，物有偶然，正所谓：吃食少添盐醋，不是去处休去。要人知重勤学，怕人知事莫做。（《喻世明言》卷三八）

【要想人前显贵，必在人后受罪】

显贵：显达尊贵。指要想在人前显达尊贵，就必须私下里勤学苦练。

{例} “要想人前显贵，必在人后受罪。”这句老话虽带有不合时宜的色彩，但这内涵，这合理的内核，是不能否定的。（赵忠祥《荧屏小天地，人生大舞台》）

【一分辛苦，一分才干】

指付出多少辛苦，就会得到多少知识或能力。

{例} 科学发展史上不朽人物成功的秘诀都是大同小异的。华罗庚坚信“一分辛苦，一分才干”，身居穷乡僻壤而不为所限，

一举攻克世界数学堡垒，从而为中华民族争了光。（刘金海《议论文论证结构教程·读〈画蛋〉有感》）

【一勤天下无难事】

指人只要勤奋刻苦，就没有解决不了的难题。

{例} 俗话说：“一勤天下无难事。”唐代大文学家韩愈也曾说过：“业精于勤。”这就是说，学业方面的精深造诣来源于勤奋好学。勤，对好学上进的人来说，是一种美德。（徐友俊《说“勤”》）

提示：此谚告诉我们，成功没有捷径，勤奋是唯一通往成功的路。

【一勤治百懒】

指勤奋努力后所获得的成果和幸福感，足以让人丢掉拖延懒惰的坏习惯。

{例} 俗话说：一勤治百懒。当你以勤劳为利器，迎着困难和障碍进击时；当你以敬业为快乐，孜孜以求，不折不挠时，你所得到的，也必是令你心情酣畅的丰盛果实。（张改成《浅谈懒惰》）

【一山更比一山高】

比喻高手之上还有高手，能人之上还有能人。告诫人不可骄傲自满。

{例} 人都有自己的聪明与骄傲哩，一山更比一山高，奈何不得的。（董坚《大兵魂》二）

提示：此谚也说“一山还有一山高”。

【有初一，就有十五】

指坏现象只要出现一次，以后就还会出现。

{例} 篝火那边又有人插话了，“这，是第一次嘛……”“第一次？有初一，就有十五！”老姚盯住小赖的脸，“叫你自己说说看，为什么从昨天起，你不唱歌啦？”（王愿坚《征途上》二）

【有心者则处处有道】

指善于发现、学习的人，随时随地都能学到知识，并能从中领悟出处世之道。

{例} 镇江当水陆要冲，来往客商、儒者和僧道中不乏高人能士。岂不闻俗话说：“有心者则处处有道。”（孝廉等《血染凤阳

宫》一回)

【有一分耕耘，就有一分收获】

耕耘：耕地和除草，比喻劳动或付出。有多少付出，就会有多少收获。指要想有大的收获，就必须努力付出。

{例} 俗话说：“有一分耕耘，就有一分收获。”要使书写达到得心应手、运用自如、意到笔随、翰逸神飞的深厚功力，必须拿出铁杵磨针的精神和滴水穿石的耐心去练。(申成章《谈谈书法艺术的神韵》)

提示：此谚也说“一分耕耘，一分收获”。

【幼而学，壮而行】

行：实施。指小时刻苦学习，长大后才能更好地施展抱负。

{例} 吾想男子生，桑弧蓬矢，以射天地四方。幼而学，壮而行，立身扬名正在今日。(明·陆采《怀香记》二出)

提示：此谚出自《孟子·梁惠王下》：“夫人幼而学之，壮而欲行之。”

【欲求生富贵，须下死工夫】

指想要取得人生的成功，就必须格外发奋努力。

{例} 欲求生富贵，须下死工夫。当此良夜，不免唤出抱琴，张灯读书。(明·王澹翁《樱桃园》一折)

提示：此谚也说“欲求生受用，须下死工夫”“欲图生快活，须下死工夫”“欲求生富贵，需下死工夫”。

【枣子好吃不好摘】

比喻虽然收获令人喜悦，但其中的付出是非常艰辛的。

{例} 俗话说：“枣子好吃不好摘。”因为我是家中的宝贝，也因为酸枣大都长在地势“险恶”的地方，所以采摘酸枣的任务就“义不容辞”地落在了二姐的肩上。(红梅《红酸枣》)

【整瓶不摇半瓶摇】

比喻有真才实学的人从不显摆炫耀自己，而一知半解的人却常在人前吹嘘卖弄。

{例} 刚才俺同那些生童讲话，倒不见他有甚通文，谁知酒保倒通起文来，真是“整瓶不摇半瓶摇”。(《镜花缘》二三回)

提示：此谚也说“半瓶子醋才晃荡，空心的管子敲得响”。

【只要苦干，事成一半】

指只要勤奋努力，攻坚克难，成功就有希望。

{例} 再不要说自己资历浅，才能少，其实，苦就是才能，干就是才能。俗语不是说“只要苦干，事成一半”么？看来苦干才是主要的。(郭仰明《并非梦想》)

【只要种子落地，到头会有收成】

有播种就会有收获。比喻只要踏实肯干，一定会有所得。

{例} 人常说：“只要种子落地，到头会有收成。”勤勤恳恳，兢兢业业，天长日久，自有成效。(韩丽娟《幸福离你并不远》)

【终身让路，不枉百步；终身让畔，不失一段】

畔(pàn)：田地的边界。走路一辈子让人，也多走不了百步；种地一辈子让地界，也少不了多少地。劝人要宽容谦让，不要斤斤计较。

{例} 古语又曰：“终身让路，不枉百步；终身让畔，不失一段。”可知礼让之有得而无失也。(清·康熙《圣谕广训·明礼让以厚风俗》)

提示：此谚也说“终身让路，不枉百步”“终身让路，不失尺寸”“终身让畔，不失一段”“终身让人道，曾不失寸步；终身祝人善，曾不损尺布”。

十、家庭熏陶

【挨金似金，挨玉似玉】

挨：挨近，靠近。靠近金像金，靠近玉像玉。指人受周围环境的影响很大，接近优秀人物或置身于好的环境，就会受到好的影响。

{例} 这个孩子向来没出息，我极不喜欢他。但他今日这番话，却不甚糊涂。我知道这孩子近来常和陈子韬在一处，真个挨金似金，挨玉似玉。（《梨园外史》二三回）

【挨上好邻家，吃酒又戴花；挨上坏邻家，披麻又带枷】

邻家：邻居。披麻：身穿粗麻布孝服。带枷：罪犯脖子上套上枷锁等沉重的刑具。好邻居会给自家带来许多好处，坏邻居却会给自家带来灾祸。指选择邻居非常重要。

{例} 选个好邻居比买个好住宅付出的代价还高，可见择邻的重要，不见俗话说的："挨上好邻家，吃酒又戴花；挨上坏邻家，披麻又带枷。"（王耀光《也谈"千金买邻，八百买舍"》）

【百善孝当先】

善：善行。人世间众多的善行中孝顺是第一位的。指人只有懂得孝顺父母，才可能做其他善事。

{例} 百善孝当先。你能为你爹爹如此这样，真是难能可贵呀。（刘浩鹏等《龙公案》五六回）

提示：此谚也说"百善孝为先""百事孝当先""百行孝为先""孝为百行之先"。此谚说明，孝在家庭关系中至关重要。一个孝敬父母、品德高尚的人，必是遵守社会公德和职业道德、忠于国家的人。

【不打不成人，打到做官人】

旧时人们认为，教育孩子要靠打骂等暴力手段，只有这样，孩子将来才会成才。

{例} 所谓"朴作教刑"，这是我们从古以来的教育方针，换句话说，要教育儿童就只有一个字，一个"打"字。——"不打不成人，打到做官人"——读书是

为要做官的。你要想做官，那就不能不挨打。（郭沫若《我的童年》一篇四）

提示：此谚也说“不打不骂不成人，棍子底下出好人”。此谚是古代的教育方针，现今的父母过分强调不体罚、不伤害孩子的自尊，其实，适当地给孩子一点挫折感对于孩子的成长是有好处的。

【不求金玉贵，惟愿子孙贤】

金玉：泛指珍宝。不追求贵重的金玉，只希望子孙贤德。指子孙贤德比一切珍宝都可贵。

{例} 剪发常思侃母，断机每念轲亲。正是：不求金玉贵，惟愿子孙贤。（明·柯丹丘《荆钗记》六出）

提示：此谚也说“不愿金玉富，但愿子孙贤”。

【抄手无言难打孩】

抄手：两手在胸前交叉施礼，表示恭敬。人们不会去打言行恭谨的孩子。指为人谦恭礼让，自然不会惹祸上身。

{例} 心暗猜，病从根上来，思量到此，也只为欠了冤家债，怎能够成全双凤钗，痴呆。抄手无言难打孩，哀哉，书剑飘零甚日回。（明·高濂《玉簪记》一七出）

【臣不傲君，子不傲父】

傲：傲慢无礼。臣子对君王、子女对父母都不能傲慢无礼。常指晚辈要懂得尊重长辈。

{例} 俺爸，嘿，你不知道，那阵子来了，摔盆子掼碗……你叫我怎么办呢？臣不傲君，子不傲父啊！（柳青《创业史》一部二六章）

提示：此谚告诉我们，尊重长辈是我国的传统美德。我们应该继续保持这个优良传统。

【从小看大，从幼观老】

从一个人小时候的表现就能看出他长大后会成为什么样的人。指幼时的表现影响人的一生。

{例} 俗话说，“从小看大，从幼观老”，海生是个伶俐孩子，什么手艺还怕学不会？（姜树茂《渔岛怒潮》二章）

提示：此谚也说“从小看大，三岁看老”“从小看大，三岁知老”“人看起小，马看蹄走”“入田观稼，从小看大”等。此谚告诉我们，小时的家庭教育非常重要。

【大不正则小不敬】

长辈如果行为不端正，就不会受到晚辈的尊重。指长辈是小辈行动的表率。

｛例｝月娘道："大不正则小不敬。母狗不掉尾，公狗不上身。大凡还是妇人心邪，若是那正气的，谁敢犯边！"（《金瓶梅》七六回）

【爹娘便是灵山佛，不敬爹娘敬甚人】

灵山：即灵鹫山，是佛家宝地。告诉人们，无须四处烧香拜佛，孝顺父母就是积德行善，自然会受到佛祖庇佑。

｛例｝终日呆坐，徒乱心曲，俗语云："爹娘便是灵山佛，不敬爹娘敬甚人。"言之未毕，僧不觉大哭起来。（明·冯梦龙《三教偶拈·儒》）

【儿大避母，女大避父】

指小孩子一旦有了性别意识，在他们睡觉或洗澡时，父母应回避。

｛例｝俗话说：儿大避母，女大避父。当年，父亲和母亲坐在竹床边，等待坐在马桶上的我驱出蛔虫来，我就有一种本能的害羞和强烈的抵抗情绪。（紫月《我的奶茶男人》三七）

提示：此谚也说"儿大避母"。

【儿无常父，衣无常主】

教育子女，不仅靠自己的父亲，还要靠其他长辈；一件衣服不是专属于某一个人，而是大家共享。指教育晚辈是长辈的共同责任。

｛例｝（氾）毓……奕世儒素，敦睦九族，客居青州，逮毓七世，时人号其家"儿无常父，衣无常主"。（《晋书·氾毓传》）

【儿子惹祸找大人】

儿女惹了祸事，就要追究父母的责任。指父母有教育子女的责任和义务。

｛例｝谁都知道，儿子惹祸找大人。你是他的监护人，我不找你找谁去？（康笑《七岁那年》）

【儿子是老子的影子，老子是儿子的镜子】

从儿子身上能看到父亲的影子，从父亲身上能看到儿子的形象。指子女受家庭的熏陶，和父母有许多共同点。

｛例｝古语说："不知其父看其子。"俗话也说："儿子是老子的影子，老子是儿子的镜子。"从

小凯身上，你就能看到他父亲当年的风度。（冯家辉《溪上青青草》四）

提示：此谚也说“儿跟老子女像娘”。此谚告诉我们，家庭是人生的第一所学校，重视家教、注重家风，对子女的成长至关重要。

【父不记子过】

父亲不会计较儿女的过错。指父母对子女有很大的包容心。

{例} 成子啊，俗话说：“父不记子过。”爹不生你的气。娶孙小姐的事以后再说。（梁存喜《夜雪神魂》五回）

提示：此谚也说“父子无隔宿之仇”。

【父不正子奔他乡】

父亲如果不走正道，儿女就会远离。指要做一个正直的父亲，才能赢得子女的尊重。

{例} 宋天子待杨家怎么样？你扪心自问岂不心伤？常言说，君不正臣投国外，又道是：父不正子奔他乡。（郝艳霞《大战黄土坡》五回）

【父慈子孝，兄爱弟敬】

父亲慈爱，儿子就孝顺；兄长爱护弟弟，弟弟就尊敬兄长。指长辈真心关爱晚辈，晚辈就会真心孝顺、敬重长辈。

{例} 你讲识几行字，岂不知父慈子孝，兄爱弟敬？我等待媳妇以礼，怕他不孝顺怎的？（《禅真后史》九回）

提示：此谚也说“父慈子孝，兄友弟恭”。

【父道尊，母道亲】

旧时认为，做父亲的应该保持威严，做母亲的应该温柔可亲。

{例} 你们女子有同母亲共得的事，同父亲共不得；有和母亲说得的话，和父亲说不得。这叫作：“父道尊，母道亲。”（《儿女英雄传》一七回）

提示：此谚也说“父亲尊，母亲亲”。

【父是英雄儿好汉】

指父亲突出有为，儿女一定也非常优秀。

{例} 在厂前的光荣榜上，她的照片和小伙子们并排放着，不少人走在照片前竖起大拇指：“真是父是英雄儿好汉，强将手下无弱兵。”“老张头的闺女不赖哩！”（程树榛《钢铁巨人》一

二章）

提示：此谚也说“父强子不弱”“虎父无犬子”“老子英雄儿好汉”。此谚强调了家庭熏陶的重要性。

【父兄失教，子弟不堪】

堪：忍受。指家长疏于管教，孩子的行为就会出格。

｛例｝不唯不知，知之也不消提起；大不外“父兄失教，子弟不堪”八个大字。但是养到这种儿子，此中自然就该有个天道存焉了。（《儿女英雄传》三二回）

【父在，子不得自专】

指有长辈在，晚辈不能自作主张，得听长辈的吩咐。

｛例｝行者道：“兄弟莫提。古书云‘父在，子不得自专’。师父又在此，谁敢先去？”（《西游记》八五回）

【各人家的羊各人拴，各人养的孩子各人管】

指自己的孩子自己最了解，只有自己管教才最奏效。

｛例｝石大叔，不是俺护短，各人家的羊各人拴，各人养的孩子各人管，谁的孩子谁心疼。（徐瑛《向阳院的故事》四）

【跟着好人学好人，跟着师婆学假神】

师婆：巫婆。假神：装神弄鬼的人，这里指巫婆。跟着什么人就会受到什么人的影响。指环境对人的影响非常大。

｛例｝入芝兰之室，久而不闻其香，之俱化矣；入鲍鱼之肆，久而不闻其臭，亦与之俱化矣。故曰：“一方水土养一方人。”又曰：“跟着好人学好人，跟着师婆学假神。”所谓学者，兼师友而言之也。（清·李光庭《乡言解颐·人部》）

提示：此谚也说“跟着好人学好人，跟着师父跳假神”“跟着好人学好人，跟着巫婆跳假神”“跟着啥人学啥人，跟着巫婆会跳神”。此谚告诉我们，结交什么样的人很重要，拜师交友一定要慎重。

【功名出于闺阁】

闺阁：旧时称女子居住的内室。指妻子的支持与鼓励对丈夫取得功名有很大的帮助。

｛例｝从来说“功名出于闺阁”，只要你们两个一心劝着他读书上进，只怕比个严些的师傅还

中用呢。(《儿女英雄传》二八回)

【瓜熟要落蒂，儿大要自立】

蒂：瓜果等和茎、枝相连的部分。指儿女长大了要靠自己的双手养活自己，不能再依靠父母。

{例} 孩子呵，瓜熟要落蒂，儿大要自立。这片山林就是当爹娘的留给你们的财产呀，我们要到别的地方去啦！(唐宗龙等《狮子岩》)

【惯儿不孝，惯狗爬灶】

惯：娇宠、溺爱。过分娇惯的子女不会去孝顺父母，如同过于受宠的狗儿会爬上灶台一样。指父母不能溺爱、娇惯子女。

{例} 惯儿不孝，惯狗爬灶。多子多女受磨难，独生子女活神仙。(丁百进等《教子谚语》)

提示：此谚也说“孤犊触乳，骄子骂母”“惯子不孝”。

【惯子如杀子】

指过分地娇惯、溺爱孩子，最终会害了孩子。

{例} 俗话说：惯子如杀子。如果娃做错了事，大人也不批评教育，娃还以为自己做得对。久而久之，瞎毛病染上了。(张占稳《惯子如杀子》)

提示：此谚告诉我们娇惯、溺爱子女的危害性。

【棍头出孝子，娇养无义儿】

指严加管教才能培养出孝顺的子女，娇生惯养只会使子女变得无情无义。告诫人教育子女要严格，不能溺爱。

{例} 如果对方不服气，作些还口，那将不论是非，十有九回要挨一顿巴掌蹶子。“棍头出孝子，娇养无义儿。”(辰汾等《残夜》一六)

提示：此谚也说“棍棒底下出孝子”“棍头底下出孝子”“黄荆棍下出好人”“筷头上出忤逆，棒头上出孝子”等。此谚告诉我们，对子女的教育要从严。

【好葱包的好白子，好爹好娘养的好孩子】

白子：大葱的葱白。质量高的葱，葱白好；品德好的父母，子女优秀。指人的相貌、品行等多来自于父母的遗传和教导。

{例} 一个媳妇说：“瞧这个眉眼儿，多俊呀，就像他娘！”房东大娘小声说：“真是，好葱

包的好白子，好爹好娘养的好孩子啊！”（袁静《新儿女英雄传》一七回）

提示：“好葱包的好白子”起衬托作用，用来强调家庭熏陶的重要性。

【好花不断香，好囡不离娘】

囡(nān)：方言，这里指小女孩。好花会连续不断地散发香气，好女儿会长时间待在娘身边。指女孩子要常在母亲身边，接受母亲教育。

{例}“好花不断香，好囡不离娘。”美索受到妈妈这两句口头禅的约束，就像被拴在裤带上似的，无论是干什么，全都要跟着妈妈。（张作为《原林深处》四章）

【好老子不打等身儿，好娘不打盘头女】

等身儿：和父亲一般高的儿子。盘头女：头发盘起，意指长大成人的女儿。指孩子长大了，慈爱又有修养的父母，不会再粗暴地打骂儿女。

{例}“好老子不打等身儿，好娘不打盘头女。”鱼儿已经长成高晃晃的大小伙子，打有什么用呢？（王宝成《海中金》四）

提示：此谚也说“好老子不管三十岁儿”。

【家富小儿娇】

指家境富裕，就容易娇惯子女，使其产生娇气。

{例}大古来前生注定，谁许你今世贪饕。那一个积攒的运穷呵君子拙，那一个享用的家富也小儿娇。（元·秦简夫《东堂老》一折）

【家严儿学好】

指有良好而严格的家庭教育，子女必然为人正派，品行端正。

{例}取友必须端，休将戏谑看。家严儿学好，子孝父心宽。（《喻世明言》卷二一）

【奸臣生逆子】

奸邪臣子定会生出忤逆儿子。指父母的品行对子女影响极大。

{例}原来蔡攸素日深恨他父亲久占相位，更恨爱着姊姊、姊夫，待自己淡薄，所以把这话来吓他老子。俗语说得好，“奸臣生逆子”，天理昭彰。（《荡寇志》八一回）

【教子不严父之过，养女不周娘之错】

对儿子没有进行严格的教育是父亲的过错，对女儿没有进行全面的培养是母亲的错误。指父母对子女的教育一定要严格全面。

{例} “教子不严父之过，养女不周娘之错。”仲生，侠侠那么随便，你两口就不管管？（王宝成《海中金·仙女灯》七）

提示：此谚也说“教子不严父母过”。

【教子之法，莫叫离父；教女之法，莫叫离母】

旧时认为教育子女最有效的方法是不让他们离开父母。指儿女在父母身边，父母可以随时对其进行管教。

{例} 若说是两个学生叫他们跟着家人去上会，这便使不得；若是你我同跟着他们，到会边上望望即回，有何不可？自古云：教子之法，莫叫离父；教女之法，莫叫离母。（《歧路灯》三回）

【居之齐则齐声，居之楚则楚声】

在齐国居住就会说齐国话，在楚国居住就会说楚国话。比喻环境对人有着巨大的影响。

{例} 温秀才在旁笑说道：“老公公说话太不近情了。居之齐则齐声，居之楚则楚声。老公公处于高堂广厦，岂无一动其心哉？”（《金瓶梅》六四回）

【君子抱孙不抱子】

本是古代祭祖时的一种习俗。现指对儿子的教育要严格，对孙辈可以宽松一些。

{例} 继之小的时候，他从来不肯抱一抱，问他时，他说《礼经》上说的：“君子抱孙不抱子。”（《二十年目睹之怪现状》二六回）

提示：此谚出自《礼记·曲礼》。古人在祭祀时，要用孙子去充当“尸”（活着的晚辈扮作先祖的样子代其受祭），如果孙子年纪过小，则需要抱着，故有此说。

【看母亲行事便料得定儿子的收成】

收成：比喻前程。指父母的为人处事对子女的成长影响很大。

{例} 虽然才满月的孩子，怎便晓得后来养得大养不大？但只看了他母亲的行事便料得定儿子的收成。（《醒世姻缘传》二一回）

【孔子家儿不知骂，曾子家儿不知怒】

孔子：孔丘，儒家学派创始人。曾子：曾参，孔子的大弟子。孔子家的孩子不会骂人，曾子家的孩子不会冲人发怒。指家庭教养对子女的行为起着非常重要的作用。

{例} 孔子家儿不知骂，曾子家儿不知怒。家庭环境对孩子的成长有着决定性的影响。生活在什么环境中，孩子就会被造就成什么样的人。自然平易的环境形成宽朗的人格；褊狭竞争的环境形成斤斤计较的人格。（丁廷福《一路保送到北大》附录“我最推崇的教子体会和格言”）

提示：此谚也说“孔子家儿不识骂，曾子家儿不识斗”“孔子家儿不知怒，曾子家儿不知骂”。

【老子偷瓜盗果，儿子杀人放火】

指父母的品行对子女影响极大。

{例} 积善之家子女濡染，受教不同，遗传不同，所以“忠厚传家久”。积恶之家则反。历史上一些格言，诸如“老子终日浮水，儿子作了溺鬼”“老子偷瓜盗果，儿子杀人放火”……都是自此而来。（蒋泥《随笔五章》）

【门里出身，自会三分】

人如果出身于精通某种专业或技术的家庭，即使不去专门学，也会做一些相关的工作。指家庭环境对孩子的影响巨大。

{例} 俗话说：“门里出身，自会三分。”我选这个职业，完全是受爸爸的影响。（延泽民《雷声千里》一部一）

提示：此谚也说“门里出生，自带三分”。

【名父之子，克有二事】

克：约束。指父亲是某领域的名家，儿女受其影响，也常常从事相同的职业，很少改行。

{例} 兄康，字元将，工书。子熊，字少李，亦善书。时人云：“名父之子，克有二事。”世所美焉。（《太平广记》卷二〇六引《书断》）

【莫言家未成，成家子未生；莫言家未破，破家子未大】

不要说家业难成，那是因为成家立业的孩子还没有出生；不要说家业不会败落，那是因为败家子还没有长大。指家庭兴衰荣辱，全在于子孙后代成才与否。

{例} 同居父兄子弟，善恶贤否相半，若顽狠刻薄不惜家业之人先死，则其家兴盛未易量也。若慈善长厚勤谨之人先死，则其家不可救矣。谚云："莫言家未成，成家子未生；莫言家未破，破家子未大。"亦此意也。(宋·袁采《袁氏世范·睦亲》)

提示：此谚也说"莫道家未成，成家子未生；莫道家未破，破家子未堕"。

【母慈悲儿孝顺，娘狠毒儿生分】

母亲对儿女慈爱，儿女就孝顺；母亲对儿女刻薄、狠毒，儿女就与她生分。指父母和子女要互相关爱，否则，就算是亲生的，也会产生芥蒂。

{例} 常言道母慈悲儿孝顺，则为你娘狠毒儿生分，每日家三餐饱要腥荤，四季衣换套儿新。(元·贾仲名《对玉梳》一折)

提示：此谚也说"母慈子孝""娘慈悲，女孝顺"。

【娘勤女不懒】

母亲勤快，女儿就不会懒惰。指女儿做事受母亲的影响很大。

{例} 人常说：娘勤女不懒。可咱农村有些做女儿的，见老人勤快，就把啥活都往他们身上推。(李金平《三棰两梆子》)

【鸟随鸾凤飞能远，人伴贤良品自高】

鸾凤：传说中凤凰一类的鸟。贤良：德才兼备的人。普通的鸟如果跟随着鸾凤，自然就能飞得高远；平凡的人经常和优秀的人在一起，品德自然能变得高尚。指选择品格高尚的人做朋友，自己的品行也会受到熏陶而变得更加高尚。

{例} 此时悟禅能为大长，有这么两句话，"鸟随鸾凤飞能远，人伴贤良品自高""近朱者赤，近墨者黑"，这话一点不错。(《济公全传》一九〇回)

提示：此谚也说"鸟随鸾凤飞腾远，人伴贤良品德高""鸟随鸾凤飞腾远，人伴贤良品格高""鸟随鸾凤飞腾远，人伴贤良品自高""鹤随鸾凤飞还远，人伴贤良智转高"。

【宁养顽子，莫养呆子】

顽子：顽皮、淘气的孩子。呆子：痴呆的孩子。宁肯养育顽皮的孩子，也不培养愚笨的孩子。指要对调皮的孩子多加关注和培养。

{例} 从来道："宁养顽子，莫养呆子。"……呆子终日不言不语，一些人事不知，到底是个无用之物，却不是晦他的臭气么？（《西湖二集》卷四）

提示：此谚告诉我们，顽子虽然顽皮淘气，但智力发育正常，多加培养，就会有所作为；而呆子虽然听话，却愚笨无知，一辈子都不会有出息。

【宁养一条龙，不养十个熊】

宁可选择少数优秀的人才，也不要众多的无能之辈。指选择人才，质比量更重要。

{例} 你是个有材料的人，出去好好儿干，我准提拔你！我是宁养一条龙，不养十个熊！（孔厥等《新儿女英雄传》四回）

提示：此谚也说"宁要一条龙，不要百条虫""宁养一条龙，不养十只熊"。

【宁要匪才，不要奴才】

匪才：个性霸道、张扬的人。宁肯选择个性张扬、甚至有点霸道的人，也不要唯唯诺诺、奴性十足的人。指教育要注意培养孩子的独立自主能力。

{例} 在男多女少的家庭里，闺女比男孩更得人宠爱——宠爱与娇惯并不都是坏事儿，从某种意义上讲，它倒是为社会造就了一批有独立见解、敢于我行我素的叛逆人物来。俗话说"宁要匪才，不要奴才"，大概就是指此而言。（于中华《百万富孀》一章）

【奴才不可逞，小孩儿不宜哄】

逞(chěng)：放任。哄：哄逗，此处指娇惯。家奴不可放任不管，小孩儿不可娇惯哄逗。指对孩子该严厉就得严厉，不可迁就。

{例} 玉楼道："你还没曾见哩，今日早晨起来，打发他爹往前边去了，在院子里呼张唤李的，便那等花哨起来。"金莲道："常言道：奴才不可逞，小孩儿不宜哄。"（《金瓶梅》五八回）

【瞧了他爹脚后跟，再瞧孩子有分寸】

脚后跟：比喻为人处事的方式。观察父亲的所作所为，便能知道儿女的品行。指父亲对孩子的品行影响很大。

{例} 常言道："瞧了他爹脚后跟，再瞧孩子有分寸。"郭老汉

一辈子说话办事一步俩脚踪，二娃当然也差不到哪里。村里人都说二娃是块好料。（崔巍等《爱与恨》三〇章）

【青柴难烧，娇子难教】

青柴：湿柴。潮湿的木柴很难点燃，被父母娇纵的孩子很难管教。指不能溺爱娇惯孩子。

{例} 青柴难烧，娇子难教。小错护短，大错不远。（缪德《儿怕娘娇》）

提示：此谚也说“苗怕虫咬，儿怕娘娇”。

【穷家出孝子】

指穷人的孩子很小就体会到了生活的艰难，所以更能体谅父母，懂得分担父母的忧愁。

{例} 俺听人说，穷家出孝子，那孩子是豁出命给他爹打幡儿送终呀！（蒋寒中《天桥演义》一〇回）

提示：此谚也说“穷家出孝子，国破见忠臣”。

【娶媳妇先看娘家妈】

指有什么样的母亲，就会教育出什么样的女儿。

{例} 人常说：“娶媳妇先看娘家妈。”言下之意是，娘家妈好，女儿自然也会好。刘婉莹孝敬公婆是母亲从小教育的结果。（刘孝义《孝媳刘婉莹》）

提示：此谚也说“娶妻看阿舅”“未看老婆，先看阿舅”。此谚告诉我们，家庭教育决定了子女的品性、修养，为以后在婚姻中的表现奠定了基础。

【染缸里扯不出白布】

染缸：给布、帛、衣、物染色的大缸。比喻人处在不良环境之中，思想行为等必然会受到不好的影响。

{例} 马窝脖儿自幼眉眼儿透着机灵乖巧，没上学就学会了小九九，能够帮他爹算账收钱。染缸里扯不出白布，这个孩子一年比一年心术不正，最后落得个聪明反被聪明误。（刘绍棠《这个年月》一五）

提示：此谚也说“染坊铺出不得白”“染缸里匆出白布”“染缸里拿不出白布来”“染房里不出白布”“染缸里捞不出白布”。

【人前教子，枕上教妻】

指孩子有错可以当着外人的面及时给予批评纠正，而教导妻子却不宜在公开场合进行，以免尴尬。

{例} 有道是："人前教子，枕上教妻。"人面前教育小孩，显得你像个做父亲的，要求严格。小媳妇再有不是，也不要当面说。(韦昕《纷扰的正午》)

提示：此谚也说"当堂教子，枕畔训妻""人前教子，人后教妻"。

【入门三相，便知其家；听言三句，便知其品】

三：概数。进了门观察几眼，就知道他的家境如何；听对方说几句话，就知道他的品德高下。指从一个人的外在表现，就可以对他的情况有个大概的了解。

{例} 入门三相，便知其家；听言三句，便知其品。越王在流离颠沛之中，不失夫妻君臣之冀，人知其必兴。今此人，外则立仆分明，内则鲢鲤不辨，此非大人家，必假斯文也。(《金云翘传》七回)

提示：此谚告诉我们，一个人的品性、能力、修养由家庭长期熏陶而成。

【什么娘什么女，什么桌子什么腿】

比喻女儿的脾气与秉性多像母亲。

{例} "也有人说她的闲话，我看不准。"香菊说。"毫无问题！"王同志说，"什么娘什么女，什么桌子什么腿！"(孙犁《村歌》上篇二)

提示：此谚也说"什么娘养什么儿子""什么样的老母下什么样的儿""栽葫芦傍墙，养女儿似娘"。

【生而富者骄，生而贵者傲】

生长在富裕家庭中的人容易产生骄气；生长在贵族家庭中的人容易产生傲气。指从小生活在优越的环境中，人就很容易产生骄傲的心理。

{例} 谚云："生而富者骄，生而贵者傲。"岂不信然。今上公以源威公之子，大将军之孙，生而富贵极矣。(明·朱舜水《与野传书》)

【生在铁匠家能擂锤，长在木匠家会使锛】

锛(bēn)：木匠用于削平木料的工具。指家庭环境对人的成长起着重要的作用。

{例} 俗话说："生在铁匠家能擂锤，长在木匠家会使锛。"聪

明伶俐的杨青，从小就迷上了画画。（田玉朋等《杨青和凤贞》）

提示：此谚也说“读书人的子弟熟悉笔墨，木匠的孩子会玩斧凿，兵家儿早识刀枪”“羊倌的儿子学吆羊，泥匠的儿子学垒墙”。

【圣人府里没文盲，教师手下没白丁】

文盲：不认识字的人。白丁：指没学问的人。指生活在好的家庭或良好的环境中，人们自然就会受到好的教育和熏陶。

｛例｝常言说：“圣人府里没文盲，教师手下没白丁。”在兵荒马乱的年代，那些英雄好汉家的奴仆们，谁不会个“三角毛”“四门斗”呢。（赵元修等《秦琼打擂》一二回）

【十个孩子九随母】

随：像。指孩子的性格、爱好、习惯多是从母亲那里学来的。

｛例｝人常说：“十个孩子九随母。”在双方母亲的影响下，虎子、冬儿这两个同年生的孩子，很自然地结合在一起。（聂海《靠山堡》二二）

提示：此谚告诉我们，母亲照顾子女的衣食住行，与子女在一起生活时间长，子女深受其熏陶。因此，母亲的言教身教，对子女的健康成长是极为重要的。

【世禄之家，鲜克有礼】

鲜：很少。克：能。世代做官的人家，很少知道礼仪廉耻。指世宦之家由于条件优越，容易放纵孩子，使其养成专横跋扈的坏习气。

｛例｝花夫人道：“这又在乎父母教训，古人说，世禄之家，鲜克有礼，然亦不可概而言也。”（《林兰香》四回）

提示：此谚出自《尚书·毕命》：“我闻曰：世禄之家，鲜克有礼。”此谚也说“世族之家，鲜克由礼”。

【数子十过，不如奖子一长】

数：数落；责备。与其数落孩子的种种过错，不如夸奖孩子的一个优点。劝诫家长应多肯定、鼓励孩子。

｛例｝古语云：“数子十过，不如奖子一长。”跟孩子讲道理，应充分肯定孩子的长处，对孩子的进步给予及时的表扬和鼓励，在此基础上再对孩子的过错予以

纠正，这样孩子就容易接受大人的意见。（王萍《讲道理应注意技巧》）

【天下没有不是的父母】

不是：错误，过失。指子女应该尊重父母，即使父母有时候会犯错，子女也不应该责怪抱怨。

{例} 你则应该“有则改之，无则加勉”，可千万别顶她，毕竟她是长辈。俗话说：“天下没有不是的父母。”（海涛《窃窃耳语》）

提示：此谚也说“天下无有不是的父母”“天下无不是之父母”等。

【童年下的种，一生有收获】

指儿童时期如果能打下良好的基础，会受益终身。

{例} 母亲教育他的启蒙“顺口溜”：“刀在石上磨，人在世上磨”“求来的雨下不大”“一事不知，士者之耻”“童年下的种，一生有收获”，成为安子介一生推崇的人生哲理。（吴跃农《谁人真知安子介》）

【望子成龙，望女成凤】

龙：古代传说中能兴云降雨的神异动物。凤：传说中的百鸟之王。指父母总是希望儿女能成为优秀人才，有美好的前程。

{例} 许多父母把希望寄托在子女身上，“望子成龙，望女成凤”。父母的这种期望，有时会给子女带来沉重的思想压力。应该明确，孩子是个独立的个体，他们有自己的追求和希望，不能把自己的意志强加在孩子身上。（务本《少年“反抗期”的特征及教育对策》）

提示：此谚也说“望子成龙女成凤”“望子成龙，望女进宫”。

【我孝于亲，子还孝于我】

亲：父母双亲。自己孝敬父母，子女就会孝敬自己。指要从自己做起，给子女做榜样。

{例} 古人云：“我孝于亲，子还孝于我。”一个人如果对父母不孝，他的子女会对他孝敬吗？（小王《孝敬老人是美德》）

【惜子如杀子】

惜：爱惜，娇惯。娇宠溺爱孩子就如同杀害孩子。指娇惯溺爱孩子容易助长孩子的错误，最终会害了他。

{例} “惜子如杀子。”你这样宠他惯他，将来他长大了，想管也管不住了。那时你后悔可就来不及了。（杨焕育《丁兰刻木悟前非》）

【习善则善，习恶则恶】

跟好的学，让人向善；跟坏的学，使人向恶。指环境对人的品行有重要的影响。

{例} 古人有言：“一傅众咻。”又说是：“习善则善，习恶则恶。”东宫中虽有三五师傅，怎禁得这班宵小，朝夕鼓煽？就是生性聪慧，也被他陷入恶途，成为习惯了。（蔡东藩《两晋演义》一一回）

【小时不防，大了跳墙】

跳墙：指偷盗的行为。指如果孩子年龄小时不对其所犯的错误加以纠正，没有注意防范，他长大后就很容易走上犯罪的道路。

{例} 常言说：“小时不防，大了跳墙。”你心里想着维护他，其实到将来你要把他越害越深。（李準《李双双》（影剧）四章五六）

【孝门出孝子】

有孝顺家风的人家必有孝顺子弟。指家风、家庭熏陶对人的成长起着重要的作用。

{例} 为了老人，为了自己，为了孩子，一定要以身示范，诚心诚意孝敬老人，不但要在物质上美满孝奉，更要在精神上关怀慰藉，使自己的儿女耳濡目染……俗话说得好：“孝门出孝子。”（邢文杰《孝门出孝子》）

提示：此谚也说“孝门有孝子”“孝顺定生孝顺子，忤逆还生忤逆儿”。

【学传三代，方称世家】

世家：古代称世代显贵的家族。家学必须连传三代以上，才称得上世代显贵的家族。指只有经过几代人的积淀，“世家”家族的治学精神或某些文化特征才能突显出来。

{例} 有言曰：学传三代，方称世家。徽州文化世家一般都有三代以上的家学传统，有的更是代有薪传，学者辈出。（史向前《徽州文化世家的形成及其特征》）

【严是爱，宠是害】

对子女严格要求才是真正爱孩子，过于宠溺只会害了他们。

{例} 经验证明，严是爱，宠是害。真正高明的长辈，是把优良思想品德和良好作风留给子女。这才是一笔最宝贵的财富。（江坪《修身治家与反腐倡廉》）

提示：此谚也说“严是爱，松是害”“严是好，娇是害”“严是爱，松是害，不管不教要变坏”。

【养儿不可夸，直待做丧家】

丧家：败家。教育儿女不能一味夸奖；否则，等到他挥霍浪费败掉家业时，后悔就迟了。指对子女不可盲目夸赞，要严加管教。

{例} 久闻员外富饶，更兼有子，只不要得道夸经济，也不要无事起风波。目今世态恶薄，转眼难量。古人说：养儿不可夸，直待做丧家。（《醋葫芦》二回）

【养儿跟种，种地跟垅】

种（zhǒng）：品种。垅（lǒng）：地垄，在耕地上培成的一行行的土埂，在上面种植农作物。指儿子的性格样貌等往往跟父亲相似，就像种子总是跟着地垄生长。

{例} 他指着观音保告三孩说：“这些都是好样的。养儿跟种，种地跟垄，性体全跟了他老子。”（刘江《太行风云》四二）

【养儿养女望上长】

指父母都希望儿女积极上进，将来能有出息。

{例} 四圈和一般农村里农民一样，他们对待街坊邻居的孩子，就像对待自己的孩子一样。他们共同遵守着一个古训“养儿养女望上长”，不能让他们学泼皮下流了。（李凖《黄河东流去》四〇章）

【养子不教父之过，养女不教母之过】

子女犯了错误，是父母的过错。指生养子女要加强教育，不能放任不管。

{例} 闻云养子不教父之过，养女不教母之过。今男年十八，女年十六，延师之责，君实任之；机杼之教，妾自当之。（《天妃娘娘传》九回）

提示：此谚也说“养不教，父之过”“养子不教父之过，训导不严师之惰”“养子不教父之误，教训不严师之惰”“子不教，父之过”。此谚说明，父母对子女的教育负有不可推卸的责任。

【要有好祖宗，然后有好子孙】

指祖辈积德行善，才能泽被后世，儿孙才能福泽久远。

{例} 俗语云："要有好祖宗，然后有好子孙。"而子孙之福泽久远与否，悉视祖宗积德之大小为准。(《娱目醒心编》三卷一回)

【一辈不管两辈事】

指下一辈的事情，让他们自己去做，当父母的不必包办代替。

{例} "当老的瞎操心啦吧！瞎惹你们笑话啦！""自己人笑话什么？我说孩子大了，咱一辈不管两辈事，她自己的事，你就由她一点算了！"(赵树理《邪不压正》二)

提示：此谚也说"一辈人不管两辈人的事"。

【一辈好女人，三辈出举人】

举人：明清两代每三年在各省省城举行一次乡试，考中者称举人，可依科选官。指家里有优秀的女人操持并教育子女，能惠及后代，子孙就能成才。

{例} 其实，女人作为家庭主妇，上对老，下对小，左右对亲朋，承接着上下左右的关系，起着中间枢纽的作用。因而，常言说得好："一辈好女人，三辈出举人。"(范瑞婷等《趣谈女人与家》)

提示：此谚也说"一个好女人，三辈好子孙""一个好媳妇旺三代"。

【一个好习惯，胜过十个好老师】

指父母注重养成子女良好的学习和生活习惯，比得到多位老师知识上的教导更为重要。

{例} 王素萍：一个好习惯，胜过十个好老师。好习惯对儿童来说是成功的轨道、终身的财富、人生的格调。因此，善于教育孩子的父母，一定要在习惯上下功夫。(英子《从学习中找到快乐的感觉》)

提示：此谚告诉我们，习惯的力量是强大的，所以家庭教育首先要培养孩子的好习惯。

【银钱如粪土，脸面值千金】

指有没有钱没关系，但一定要维护自己的尊严和体面。

{例} 咱一家打从你老爷爷起，门风正着哩，可没出过那种少脸没腮的人。你爷爷在世时常对我说："银钱如粪土，脸面值千金。"(崔复生《太行志》二四)

【忧患生孝子，安乐出逆儿】

生活艰苦的家庭能培养出孝

顺的子女，安逸享乐的家庭只能娇惯出忤逆的儿女。指家庭环境对孩子的品格养成起着至关重要的作用。

｛例｝俗话说："忧患生孝子，安乐出逆儿。"家庭是孩子的第一学校，父母是孩子的第一老师。自我服务劳动、家务劳动和社会公益劳动是孩子的第一课本，它是启开人生的唯一钥匙。（黄仁发《孩子最需要什么?》）

【有钱难买幼时贫】

指幼时的贫穷能激励人奋力拼搏，最终成才。

｛例｝常言道："有钱难买幼时贫。"从他来信的字里行间，我领悟到他对幼时家境清贫一直心处感激。（张玉《成功之路》三）

提示：此谚也说"有钱难买少年贫"。此谚告诉我们，儿童时期吃点苦头能使人得到磨炼和考验，是人生中一笔不可多得的财富。

【有钱难买子孙贤】

指子孙贤德比什么都可贵，很难用金钱买到。

｛例｝人心不足蛇吞象，世事到头螳捕蝉。无药可延卿相寿，有钱难买子孙贤。（元·无名氏《冤家债主》楔子）

【欲知子弟成何器，但看何人共往来】

要想知道子弟将来能成为什么样的人，只要观察他跟什么样的人往来就可以了。指朋友对人的影响是巨大的。

｛例｝"欲知子弟成何器，但看何人共往来"，这是检验子弟成才与否的一把尺，你不必费更多的工夫去考察子弟的行踪，只从他往来的朋友身上，就能确定他是块什么料。（王树山《夕阳无限》三编二一章）

【忠臣必出孝子之门】

为国尽忠的大臣必定来自孝行卓著的家庭。指只有对父母尽孝，才能对国家尽忠。

｛例｝万岁知晓，必是他侍母甚孝。天子先有几分喜爱。常言道：忠臣必出孝子之门。（《续小五义》一九回）

【种禾得稻，敬老得宝】

栽下禾苗，就会收获稻米；敬爱老人，就能学到宝贵经验。指要尊重老人、向老人学习。

｛例｝俗话说："种禾得稻，敬老得宝。"年轻人应当把敬老当作一种美德，在敬中学，在学中得，以便尽快地充实和提高自己。(程立言《敬老院巡礼》)

【子不谈母丑，子不谈父过】

子女不能说出母亲的丑事，也不能评说父亲的过错。指旧时父母有绝对权威，无论对错，子女都不能干涉。

｛例｝中国谚语的内容其受儒释道三教的影响者当然是很多……"子不谈母丑，子不谈父过""奔车之上无仲尼，覆车之下无伯夷"等都是儒家的思想。(郭绍虞《谚语的研究》五)

【子不孝是父不慈，儿忤逆是爷不是】

忤逆：不孝敬父母。爷：这里指父亲。不是：错误，过失。指子女不孝顺，是父母失于管教导致的，父母应承担责任。

｛例｝咱人家子不孝是父不慈，咱人家儿忤逆是爷不是。儿呵，我怎肯教你替死休，宁可爷做事爷当事。(元•郑廷玉《金凤钗》四折)

提示：此谚也说"儿忤逆是爷不是""父不慈则子不孝""子不孝，父之过"。

【子弟宁可不读书，不可一日近匪人】

匪人：行为不端正的人。宁可不送子弟念书识字求功名，也不能让他结交品行不端的人。指对子女最重要的是品德教育。

｛例｝争乃谭绍闻年未弱冠，心情不定，阅历不深；况且在希侨家走了两回，也就有欣羡意思；况且是丰厚之家，本有骄奢淫逸之资；况且是寡妇之子，又有信惯纵放之端，故今日把砒霜话，当饴糖吃在肚里。所以古人抵死两句话，不得不重出了：子弟宁可不读书，不可一日近匪人。(《歧路灯》二一回)

【自小纵容不成器，大来拘束也徒然】

孩子小时放纵容忍他们的缺点，等到长大再管束，已经不管用了。指教育孩子要从小抓起。

｛例｝养子不教父之过，爱他今日误他年。听我歌，早着鞭，莫因小过且姑怜。自小纵容不成器，大来拘束也徒然。(《夺魄惊魂》下五六回)

条目音序索引

A

B

D

G

H

K

L

M

N

（人受一口气，佛受一炉香｜人争一口气，佛受一炉香｜人争一口气，佛争一股香｜人争一口气，佛争一炷香｜人争一口气，鸟争一口食）

人最大的敌人就是自己 / 70

忍气饶人祸自消 / 163

（忍事敌灾星｜忍自忍，饶自饶，忍饶相加祸自消｜忍自忍，饶自饶，忍耐比着饶恕高）

忍气吞声是君子，见死不救是小人 / 163

日日行不怕千万里，事事做不怕千万事 / 89

（日日行，不怕万里路；时时做，不怕事不成）

肉不烂，再加炭 / 90

汝无自誉，观汝作家书 / 45

入门三相，便知其家；听言三句，便知其品 / 185

若能放手和闭口，百岁安宁有八九 / 131

若要好，问三老 / 10

若要会，须和师傅同吃睡 / 10

（若要会，得跟师父一头睡｜若要会，跟了师父睡｜要想学得会，就得跟师父睡）

若欲不忙，浅水深防；若欲无伤，小怪大禳 / 131

S

洒多少汗水，有多少收获 / 163

三朝媳妇，月里孩儿 / 10

（三朝的新妇，月子的孩儿）

三寸舌为安国剑，五言诗作上天梯 / 45

三寸舌为诛命剑，一张口为葬身坑 / 131

（口言是亡身祸）

三代不读书会变牛 / 45

三分靠教，七分靠学 / 163

（三分教，七分学）

三更灯火五更鸡，正是男儿立志时 / 164

（三更火，五更鸡｜三更灯火五更鸡，雪案萤窗志足奇）

三年读成举子，十年学不成诗翁 / 45

三日不弹，手生荆棘 / 90

（三天不唱口生，三天不演腰硬｜三天不练一手生｜三日不唱口生｜三日不练不顺手，三天不念不顺口｜三天不摸手生）

桑条从小拗，大来拗不直 / 11

（桑条从小拗，长大拗不屈）

扫地焚香，清福已具 / 46

沙粒虽小伤人眼，小雨不停会成灾 / 90

T

W

X

Y

Z